经管华信 创优系列·管理科学与工程

U0663013

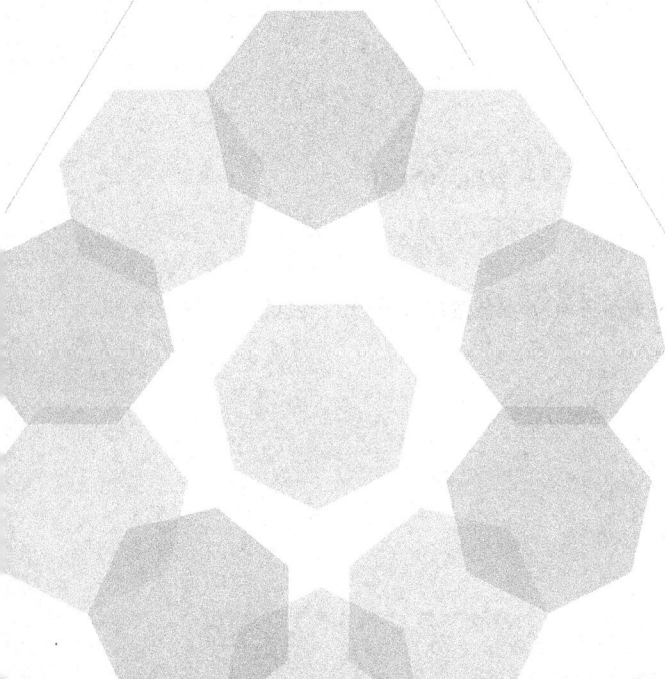

服务质量管理

Service Quality Management

王海燕　张斯琪　仲琴　主编

電子工業出版社
Publishing House of Electronics Industry
北京·BEIJING

内 容 简 介

本书在对服务质量管理的相关理论发展进行全面总结和评价的前提下，对服务质量评价与管理方面的许多问题做了新的探讨，并在服务质量评价方法中，对城市公共交通的案例进行了深入的实证研究。全书体系严谨、内容新颖、实用性强，将理论与实际应用紧密结合，对于读者了解服务质量管理具有积极的指导作用。

本书可作为普通高等院校工业工程、质量管理工程和管理科学类等专业本科生和研究生的课程教材与学习参考书，也可作为工业企业质量工程技术与管理人员的培训和自学用书。

图书在版编目（CIP）数据

服务质量管理／王海燕，张斯琪，仲琴主编．—北京：电子工业出版社，2014.10

（华信经管创优系列）

ISBN 978-7-121-24022-5

Ⅰ.①服…　Ⅱ.①王…　②张…　③仲…　Ⅲ.①服务业服务质量-质量管理-高等学校-教材　Ⅳ.①F719

中国版本图书馆 CIP 数据核字（2014）第 182512 号

策划编辑：王志宇

责任编辑：王志宇　　文字编辑：徐　颢
印　　刷：北京虎彩文化传播有限公司
装　　订：北京虎彩文化传播有限公司
出版发行：电子工业出版社
　　　　　北京市海淀区万寿路 173 信箱　　邮编：100036
开　　本：787×1 092　1/16　印张：10.25　　字数：244 千字
版　　次：2014 年 10 月第 1 版
印　　次：2025 年 1 月第 11 次印刷
定　　价：32.00 元

总　序

质量问题是经济社会发展的一个战略问题。党和国家历来高度重视质量工作，新中国成立以来，尤其是改革开放以来，党中央、国务院制定、实施了一系列政策措施，初步形成了中国特色的质量发展之路，但是产品、工程、服务等质量问题造成的经济损失、环境污染、资源浪费等现象比较严重；质量安全形势仍然严峻，产品质量安全特别是食品安全事故时有发生；一些生产经营者质量诚信缺失，肆意制售假冒伪劣产品，危害人民群众生命安全和身体健康，损害国家信誉和形象；与发达国家相比，"中国制造"质量竞争力还不够强，缺少具有国际影响力的知名品牌和产品，质量问题已成为我国经济社会健康发展的一个制约因素。

新世纪的第二个十年，是我国全面建设小康社会、加快推进社会主义现代化的关键时期，是深化改革开放、加快转变经济发展方式的攻坚时期，也是质量发展的又一个重要时期。从国际上看，经济全球化深入发展，科技进步日新月异，全球产业分工和市场需求结构出现明显变化，以质量为核心要素的标准、人才、技术、市场、资源等竞争日趋激烈。从国内看，我国工业化、信息化、城镇化、市场化、国际化进程加快，要贯彻落实科学发展观，实现又好又快的发展，需要坚实的质量基础；要加快转变经济发展方式，特别是实现制造业由大变强，需要可靠的质量作支撑；要满足人民群众日益增长的质量需求也需要更强的质量保障能力。然而长期以来，由于质量管理工程专业一直没有列入教育部学科目录，从本科生教育到研究生教育，针对专业质量人才的培养规模极为有限。

2012 年，教育部批准在高等学校本科专业当中增设质量管理工程专业，南京财经大学是国内首个设置质量管理工程专业的高校，并且江苏省教育厅为了充分发挥区域高教资源集聚优势，高校之间实现优势互补、强强联合，加快推进高等教育内涵式发展，扎实推进高等教育综合改革试验区建设，将此专业作为南京财经大学、南京大学、南京师范大学、南京邮电大学和南京中医药大学五校共建的专业。因为质量管理工程专业教育缺乏系统的教材，因此我带领南京财经大学质量管理工程专业的骨干教师们主编了这套质量工程系列教材，主要包括《质量统计学》、《质量可靠性理论与技术》、《质量分析与质量控制》、《服务质量管理》、《质量工程试验设计》五本教材，希望这套教材能缓解质量管理工程专业高等教育教材短缺的压力，为我国质量管理工程专业的发展尽一份绵薄之力。由于质量管理工程的专业建设在我国还处于探索期，加上我们的学术水平和知识有限，教材当中难免存在各种不足，恳请国内外同仁多加批评指正。

服务质量管理

另外，本套教材受以下项目资助——国家重大科学仪器设备开发专项：微分迁移谱-质谱快速检测仪的开发与应用(项目编号 2013YQ090703)、国家自然科学基金：我国食品安全管理中的质量链协同控制理论与方法研究(项目编号 71373117)，在此对科技部和国家自然科学基金委员会表示感谢！

南京财经大学管理科学与工程学院　院长

江苏省质量安全工程研究院　执行院长

王海燕　教授

于南京

前　言

随着全球经济的快速发展，服务业在经济增长中具有越来越重要的作用，已经成为经济发达国家的显著特征。服务经济已经成为推动各国经济不断发展的原动力，成为经济发展的必然趋势。现代服务经济不仅有相当一部分关系到国计民生，而且服务经济的产值与就业人数已经成为衡量一个国家或地区经济发展水平的重要指标。服务成为发达国家市场经济中的重要形式，服务业也成为推动国民产出总量增长、经济持续发展的重要动力。

随着中国经济发展水平的提高，服务业将进入增长更加迅速、地位更加上升的阶段。服务经济与社会经济、服务业的发展与社会进步密切相关。社会进步推动了服务业的升级，服务的创新也成为经济增长的引擎。服务业之所以日益引起人们的高度重视，不仅仅在于它在国民经济中的比重不断上升，还在于它是吸纳就业的主要部门，并呈现出超出制造业的发展趋势，已渐渐成为促进国民经济效率提高和国民生产总量增长的主导力量。因此，加强服务业的服务质量管理很有必要。关于服务质量的重要性，学者们达成了以下共识：顾客感觉中的服务质量会直接影响感觉中的服务价值；顾客感觉中的服务价值会直接影响顾客的购买行为；顾客感觉中的服务价值不仅会直接影响顾客的购买行为，而且会通过顾客满意感间接影响顾客今后的购买行为。因此，如何有效地进行服务质量管理对现代企业意义重大。

本书在对服务质量评价理论发展过程进行了全面总结和评价的前提下，对服务质量评价与管理方面的许多问题进行了超前性的研究：从不同角度，利用不同方法，对两种最重要的服务质量评价方法，即SERVQUAL和顾客满意度评价进行了较为详细的研究，并对城市公共交通的案例进行了深入的实证研究；除此之外，本书还对西方学者所发明的服务质量评价方法在中国文化背景下、不同行业间的实用性进行了全方位探索，并将服务质量评价和评价后的服务质量管理结合起来，进行了整合性研究。

同时，本书还采用科学的统计学方法，针对服务质量评价理论从多维度、全过程进行了研究，并对研究结论均进行了严格的统计验证。全书理论体系严谨，对当前服务质量管理中许多似是而非的概念和理论框架进行了修正，并提出了许多新的观点，对于企业提升服务质量管理水平具有积极的指导作用。最后，本书将服务管理上升到战略管理的角度，对构建服务质量的管理体系进行了探索。

本书可作为普通高等院校工业工程、质量管理工程和管理科学类等专业本科生和研究生的课程教材与学习参考书，也可作为工业企业质量工程技术与管理人员的培训和自学用书。

　　本书由南京财经大学管理科学与工程学院组织编写，王海燕、张斯琪、仲琴担任主编，参与编写的其他人员有刘军、孟秀丽、唐润、张庆民等老师，感谢沈鑫、俞磊、王虎、尹小华、钱昆、马晖玮、陆晶晶等研究生在教材编写过程中付出的辛苦劳动。在编写过程中参考了国内外的大量文献、教材和专著，由于篇幅原因未能将所有的参考资料都列出，编者在此对这些资料的作者表示衷心的感谢，对大力支持此次编写工作的电子工业出版社和南京财经大学也一并表示感谢！

　　由于编者水平有限，书中难免有不妥之处，诚请广大读者批评指正。咨询意见和建议可反馈至本书责任编辑邮箱：wangzy@ phei. com. cn。

编　者

目　　录

第一章
概　　论

服务经济是近五十年来崛起的新的经济形式，它在国民经济构成中占有极其重要的地位，涵盖了服务业乃至对外服务贸易广阔的市场经济门类与形式。在国外，服务经济已基本形成相对成熟的体系，并有其自身的运作方式。在我国，随着市场经济的发展，服务经济开始得到政府主管部门的高度重视，并在国民经济中逐渐加大其比重。它是我国正在进行的产业结构调整升级的主要途径，关系未来经济发展的走向与创新，具有十分重要的战略意义。

自 20 世纪 50 年代以来，全球经济经历着一场结构性的变革，对于这一变革，美国经济学家维克托·福克斯（Victor R. Fuchs）在 1968 年称之为"服务经济"。福克斯认为美国在西方国家中率先进入了服务经济社会。福克斯的宣言预示着始于美国的服务经济在全球范围的来临。伴随着信息革命和技术的飞速发展，服务经济也随之表现出新的发展趋势。

随着全球经济的快速发展，服务经济已经成为推动各国经济不断发展的原动力，以及经济发展的必然趋势。现代服务经济不仅有相当一部分关系国计民生，而且服务经济的产值与就业人数已经成为衡量一个国家或地区经济发展水平的重要指标。

第一节 服务经济

一、服务经济的到来

1968 年美国经济学家维克托·福克斯在他的经典著作《服务经济学》中，率先提出美国在西方发达国家中已经首先进入了"服务经济"社会，同时认为服务经济在所有发达国家都已开始出现。在他研究的基础上，服务经济的理论随着实践发展而不断深化。

英国经济学家约翰·杜宁在分析生产的服务形式时，曾把社会进化划分为三个时期：从 17 世纪初到 19 世纪，是以土地为基础的农业经济；从 19 世纪到 20 世纪末，是以机器为基础的工业或制造业经济；从 20 世纪末开始，则要过渡到以金融或知识为基础的服务经济时代。服务业取代农业和工业成为国民经济的第一大产业，这是经济发展的必然趋势。

当今经济全球化的趋势下，服务业得到了快速的发展，服务贸易飞速发展，服务业就业人数持续增加，竞争越来越激烈。服务经济在国民经济中的比重不断上升，服务成为发达国家市场经济中的重要形式，服务业也成为推动国民产出总量增长、经济持续发展的重要动力。服务经济时代有两层含义：一是指服务业迅速发展；二是指服务成为一种理念，各行各业都在提供服务、进行服务。

和世界先进服务业的发展水平相比，我国的服务业相对还比较落后，一方面体现在绝对量的规模上，另一方面体现在服务业增加值占 GDP 的比重上。近几年来，国内服务业增加值占 GDP 的比重一直维持在 40% 左右，发达国家服务业这一比重在 70% 以上，即使是世界平均水平也在 60%。因此，我国服务业的发展还远没有达到服务经济社会要求的水平，还有很大的发展潜力和发展空间。

当前，中国正处于工业化和城镇化加速发展时期，加快发展服务业至关重要。如果在整个 GDP 增长结构中，第三产业比重上升一个百分点，相应第二产业比重下降一个百分点，单位 GDP 能耗就将降低一个百分点。20 世纪 90 年代，中国在"十一五"计划和《国务院关于加快发展服务业的若干意见》中明确提出：有条件的大城市要逐步形成服务经济为主的产业结构，到 2020 年，希望服务业的增加值能占到国内生产总值的 50% 以上。加快发展服务业已是转变经济发展方式、调整经济结构的重要战略举措，也是促进我国经济较快增长的现实选择。

二、服务经济的重要性

当今世界，服务经济成为发达国家明显区别于发展中国家的竞争优势，并成为发展中国家经济的努力方向，也成为涉及范围最广、比重最大的产业，它早已不局限于传统的饮食业、修理业、零售业之类，有相当一部分关系国计民生，如金融服务经济事关国民经济命脉，信息服务经济事关国家安全和人民生活。在发达国家，服务经济已经成为经济增长的中坚力量，通过其各种服务功能，服务业有机连接社会生产、分配和消费诸环节，加速人流、物流、信息流和资金流运转，对推进工业化和现代化进程具有重要的作用。服务经济与社会经济、服务业的发展与社会进步密切相关。社会进步推动了服务业的升级，服务的创新也成为经济增长的引擎。服务业之所以日益引起人们的高度重视，不仅在于它在国民经济中的比重不断上升，还在于它是吸纳就业的主要部门，并呈现出超出制造业的发展趋势，已渐渐成为促进国民经济效率提高和国民生产总量增长的主导力量。

随着中国经济发展水平的提高，服务业将面临着增长速度、地位上升阶段。我国已经进入全面建设小康社会、构建和谐社会、加快推进社会主义现代化的新的历史阶段，我国的经济结构正处于战略性调整的重要历史时期。因此，大力促进服务经济发展，是推进国家战略实施的必然要求。发展服务业是落实科学发展观、实现和谐社会的关键。因而，对服务经济的研究有着重要的理论意义和现实意义。

三、服务经济的内涵、特征及表现形态

(一)服务经济的内涵

如果把工业经济生产理解为"工业范式"的话，那么服务经济则是一种"信息范式"。具体而言，在服务经济中，信息和知识的创造成为生产过程的核心环节。因此，服务经济的本质是信息经济或知识经济。服务经济按其研究的范围有广义和狭义之分，狭义的服务经济就是生活服务业经济，主要研究与人民生活相关的饮食、旅店、日用品修理、理发、照相等行业的活动。广义的服务经济除研究生活服务业之外，还研究包括邮电、通信、运输、娱乐、文化教育、科研、卫生等诸多领域在内的国民经济部门和行业的活动，即凡是具有时代特征的、适应现代人的需求和城市现代化发展的服务业，都应引入服务经济研究的范畴。

服务经济学作为一门独立的学科理论，在西方是从 20 世纪 30 年代开始的。服务经济理论的创始人费希尔首次提出了对产业经济学和国民经济核算理论具有重大影响的"三次产业"理论，认为社会经济的发展是从第一产业(农业)占优势的经济，依次过渡到第二产业(工业)占优势的经济和第三产业(服务部门)占优势的经济。国内外学术界通常使用以

下三种定义方法：第一种是"规模定义法"，即定义"服务业 GDP 占比 50% 以上，且服务业就业占比 50% 以上的为服务经济"；第二种是"对比定义法"，即定义"与工业经济、农业经济形成对比，有特殊性质的经济形态为服务经济"；第三种是"阶段定义法"，即"农业经济、工业经济发展以后的经济阶段为服务经济阶段"。综合以上三种模式，本书将服务经济定义为："以知识、信息和智力要素的生产、扩散和应用为经济增长的主要推动力，以科学技术和人力资本的投入为核心生产方式，以法治和市场经济为制度基础，经济社会发展主要建立在服务产品的生产和配置基础上的经济形态。"从内涵上来讲服务经济包括三个层次：第一层次（最高层次）是经济形态，第二层次（产业层次）是产业形态（服务业），第三层次（基本层次）是经济活动（服务）。这三个层次的内涵是不一样的：从基本层次上看，服务构成了服务经济中的基本经济活动形式。从产业层次上看，服务业是服务经济产业结构中的主导产业。而从最高层次上看，服务经济除了服务活动和产业以服务为核心外，还包含一整套适应服务活动和产业发展的制度环境、管理体制、要素市场以及公共政策和公共服务体系，是一种完整的经济形态。本书着重从最高层次的角度，也就是把服务经济作为一种经济形态来研究服务经济的内涵。

1. 服务经济作为一种经济形态，核心是提供服务产品

尽管关于新的经济形态的提法很多，如知识经济、信息经济、数字化经济、网络经济等。但从主导产业及其产出、就业，以及服务产品与制成品或农产品在有形无形、生产消费、营销保障等上面有着本质区别这两个方面来分析，唯有服务经济可以与农业经济、工业经济并列而成为一种经济形态。它以农业经济和工业经济提供产品为前提要素，以提供服务产品为核心，形成以服务为中心的经济活动，从而构成以服务业特别是现代服务业为主的产业体系。

2. 服务经济作为一种经济形态，不但包括服务业，也涵盖了成熟发展的制造业和农业

在服务经济中，服务业固然是产业结构中的主导产业，制造业和农业也是服务经济的重要组成部分。农业、制造业的现代化和服务化趋势促进了服务业的迅猛发展，服务业的快速发展反过来又为农业、制造业提供了全面高效的服务，把农业、制造业提升到新的更高水平。三次产业相互依赖、相互促进、融合发展，服务经济作为一种经济形态，不是一个产业可以涵盖的，而是各个产业的动态均衡和全面协调发展。

3. 服务经济作为一种经济形态，除了服务产出、服务就业、服务贸易、服务消费、服务业投资等经济活动成为其重要组成部分外，还包含一整套的制度环境、管理体制、要素市场以及公共政策和公共服务体系

制度环境指能保障服务经济有效运行、保障产权和交易、促进知识创新的法律规则，例如受到良好监督执行的产权、合同、信用、财税规则。管理体制是指适应服务经济发展的更加市场化、法制化和国际化的组织架构与治理方式。要素市场是以人力资本市场为主体的资源要素配置体系。公共政策和公共服务则是为服务经济发展创造低成本、高效率的运作环境。

我国最初对服务经济理论的研究是在 20 世纪 60 年代，围绕社会主义的服务是生产性劳动还是非生产性劳动问题展开讨论的。真正引起大家注意是在 1980 年以后，对是否采用

三次产业分类的方法来指导国民经济实践的讨论。20世纪80年代,对服务的研究主要集中在服务的价值创造问题。20世纪90年代,服务业在国民经济中的地位和作用日益重要,服务业创造价值又一次成为讨论的热点,服务业各行各业的经济理论逐步成熟。21世纪初,中国加入世界贸易组织,服务业面临开放的挑战,理论研究的重点转移到了服务业和服务贸易竞争力的分析上,如中国服务业服务贸易的现状、服务业和服务贸易的发展特征、服务业滞后对经济增长和产业升级的制约、中国服务业的地位和作用、中国服务业与服务贸易发展的国际比较等方面。

(二)服务经济的特征

世贸组织部总干事鲁杰罗认为现代全球经济是一种新型的服务经济,它有四大特征:

(1)它越来越漠视地理、距离和时间;

(2)服务业,尤其是金融、电信和运输正在为世界经济创造全球基础设施,极大地促进老产业调整和新产业发展的基础设施;

(3)全球服务经济将是以知识为基础的经济,其最宝贵的资源将是信息和智慧,而不是传统生产要素的土地、劳动力和资本。信息和知识不是被束缚在各个国家和地区内,而是几乎不受限制地流动,并有无限的扩大能力;

(4)这些变化导致了无边界技术有潜力使国家之间和地区之间的关系变得平等,因为它有能力为每一个国家自由平等地获得知识和信息开辟道路。

本书从服务经济的形态、结构、运行三个方面阐述如下。

1.服务经济的形态特征:服务业与制造业趋于"同化"

由于生产性服务业的异军突起,制造业和服务业之间彼此依赖的程度日益加深,传统意义上的制造业与服务业的边界越来越模糊,企业也把注意力从制造转移到制造与服务相结合上来,注重从以制造为中心逐渐转向以服务为中心。具体表现如下。

(1)产业发展服务化

服务经济时代,服务业成为服务经济中的主导产业。服务性经济活动是产业活动的主导方式,产业链中的服务环节日益占据主导地位,制造部门的服务意识不断深化,使得生产者将重心从车间转到提供服务上来。

(2)行业发展融合化

伴随着信息化和全球化的不断深入,服务业与农业、制造业之间相互渗透和融合的趋势日趋明显。具体表现为:一是消费者更加注重产品解决问题的功能而非产品本身,这使得产品和服务的边界变得模糊;二是生产方式的变化促使服务业和制造业相互融合;制造企业将服务当做利润增加的源泉,从而使其业务中心发生根本改变;三是消费者和生产者之间的关系从一次短期购买变为持续的多次服务,这种长期关系的建立使消费者更多地参与到生产中来,从而使消费者和生产者趋于融合。

(3)企业运作网络化

随着现代信息技术的广泛运用,生产价值链日益成为服务经济时代主导性的生产组织方式,企业的组织结构和运作方式也由传统的层级制逐渐向松散而富有弹性的网络型组织结构发展。

（4）生产活动高端化

在服务经济时代，越来越要求生产活动包含更多的知识和信息，并向高端化发展。随着工业化大生产累计的实物产品的极大丰富，个性化、多元化的服务需求需要大量的企业进行创新，提供差异化的产品，这要求生产活动的技术含量不断提升，无形的服务所占的价值越来越大，如研发设计、销售等形成了生产活动的整体高端化趋势。

2. 服务经济的结构特征：服务业占主导地位

服务经济时代，服务业成为经济发展的核心和主要动力。服务业提供了较多的产出和较大的就业量，并带动其他产业共同发展，在经济中占据主导地位。主要有几个标志：首先，服务业产值比重较大，服务经济社会的服务业规模大多占到 GDP 的 60% 以上；其次，服务业提供较多的就业量，到 21 世纪初，世界主要发达国家服务业占全部就业的比重大多超过或接近 70%；再次，农业和制造业加速与服务业融合而趋向高端化，产业链中的服务环节日益占据主导地位。如服务业正加速向制造业的生产前期研究、生产中期设计和生产后期的信息反馈过程展开全方位的渗透，金融、法律、管理、培训、研发、设计、客户服务、技术创新、贮存、运输、批发、广告等服务在制造业中的比重和作用日趋加大。最后，许多制造企业的服务性收入和功能占据了主导地位，逐步实现了向服务型企业的转变。

3. 服务经济的运行特征：稳定增长

服务经济不像工业经济那样，以周期性行业为主导而在危机时容易陷入全面衰退，它既有周期性行业也有反周期性行业，会产生相互抵消作用，使得经济增长相对稳定。因而具有经济稳定器的作用。

（三）服务经济时代服务业的特点

服务经济时代服务的内涵发生了变化。服务不仅要为客户提供所需的产品和服务，而且还要满足客户的情感需求。服务经济时代的客户不仅包括购买企业产品或服务的外部客户，还包括企业内部工作的员工，他们依靠企业所提供的服务、产品和信息来完成工作。他们也需要得到企业给予外部客户同样亲切、体贴的服务。因为利润的增长点主要是由客户的忠诚度刺激产生的。忠诚度是由忠诚有效率的员工创造的，员工的满意和忠诚主要来自企业各方面的支持。具体来讲服务经济时代的服务业具有如下特点。

1. 无形性

服务业提供的产品是一种能满足人们某种需要的劳动活动，其主题由人类行为组成，无法以形状、质地、大小等标准去衡量和描述，并且生产与消费同时进行，是一种无形的产品。当然这种无形产品不存在物体性所有权的转移，而只存在活动性的所有权伴随着生产与消费的同步转移。

2. 非物质性

现代服务业是非物质生产活动。服务作为一种"行为"或"体验"而不是有形物品的特性，决定了服务生产的实质是一种"人与人"的游戏。服务的提供主要是靠人而不是机器来完成。因此服务质量会由于服务提供者和消费者双方的个人因素发生变化而波动，由此失去其稳定性。尽管是非物质性的经济活动，但由于它在合理配套资源、提高效率、方便生产生活等方面有较为重要的作用,并且创造了价值,因此,现代服务业是现代经济中一种不可缺少的生产性活动。

3. 知识性

现代服务业是知识密集型产业。随着经济全球化趋势不断加速,人们不断创造知识、传播知识,新知识向产业渗透的进程日益加快,现代服务产业,尤其是咨询、开发、情报等,是知识的传播和渗透活动的主体。与此相应,知识转化为创新源,也是现代服务业的动力特征。通过理念创新、知识创新、技术创新、制度创新和管理创新等多维度的创新来为制造业和其他产业的发展提供服务,帮助产业消除发展中遇到的瓶颈,帮助企业实现高效率发展的目标。

4. 集聚性

产业集聚性是现代服务业体系的空间特征。现代服务产业体系的形成过程是一个产业空间结构调整的过程。基于活动成本的节约、公共设施成本的分摊、产业链的联系、信息沟通的便捷、知识技术传播扩散效应和学习效应等多种形式使得服务产业集群成为获得竞争优势的基本条件之一,并且城市发展本身就提供了服务产业集聚的空间载体,因此现代服务业呈现出大都市市区化的趋势,现代服务业的发展与都市化有着密切联系。

5. 便捷性

现代服务业是产业分工深化的产物。根据社会生产和生活中的某些环节而进行专门化和规模化的活动,以这种活动和行为给其他企业和个人带来生产、生活上的便捷与心理或生理的满足,这样既减少了社会矛盾,又节约了社会资源,而且提高了生产效率和生活质量。特别是在信息化时代或新型工业化时期,社会性生产分工由纵向分工不断转向横向的水平式分工,如工业外包,服务所提供的生产便捷性作用就显得越来越重要、越来越明显。

(四)服务经济的表现形态

相对于农业生产活动和工业制造占主导的经济发展阶段而言,服务经济是以服务活动为主的更高层次的经济发展阶段,是继农业经济、工业经济(或制造经济)之后一种新的社会经济形态。服务经济时代,服务中的每一个人的位置都是因顾客而存在的。服务经济的表现形态有以下几方面。

1. 产业结构服务化

在服务经济中,服务产业在经济体系中的地位不断上升,成为产业结构的主体,即产业结构的服务化。与农业经济以提供农产品为核心、工业经济以提供制成品为核心不同,服务经济无论是生产、流通还是消费都围绕服务这一基本要素,以提供服务产品为核心,形成以服务为中心的经济活动,构成以服务业特别是现代服务业为主的产业体系。服务业不但随经济的发展而发展,而且发展速度要快于经济整体水平的发展速度,服务业的价值创造已在服务经济中占据绝对主导地位,进而导致产业结构发生变化,物质生产产业比重呈下降趋势,服务经济比重呈上升趋势,随着这种变化趋势的持续进行,服务经济已成为国民经济中最大的组成部分。

2.生产型产业的服务化

在服务经济中，服务业固然是产业结构中的主导产业，制造业和农业也是服务经济的重要组成部分。农业、制造业等生产型产业内部服务性活动的重要性日益增加，改变了这些产业单纯地从事生产这一特点，形成生产-服务型体系，即生产型产业的服务化，反映服务活动在经济领域的广泛渗透。在服务经济时代产业边界日趋模糊、不同产业发生聚合和创新的现象，这包括农业、制造业到服务业的融合，也包括服务业到农业和制造业的渗透。

3.服务业中的主要行业呈现一定的发展特征

(1)流通服务业的产出占整个国民经济的比重呈现出一个由低到高、再由高到低的发展过程。

(2)运输通信业产出占整个经济产出的比重存在先上升后下降的运行态势。运输通信业产出占服务经济产出的比重也同样是一个由高到低的下降过程。

(3)金融保险服务产出占整个社会产出的比重存在稳步上升的态势，而且上升速度较快。

(4)公共服务业产出占整个经济产出的比重存在一个先上升后下降的运行态势。

(5)社会服务(其他服务)基本上是一种不断上升的态势。

4.服务业与其他产业相互促进

服务经济作为一种经济形态，不仅包括服务业，也涵盖了成熟发展的制造业和农业。国际经济的发展实践证明，农业、制造业的现代化和服务化趋势促进了服务业的迅猛发展，服务业的快速发展反过来又为农业、制造业提供了全面高效的服务，把农业、制造业提升到新的更高水平，三次产业相互依赖、相互促进、融合发展。具体表现如下。

(1)农业现代化与工业现代化是服务经济发展的基础。服务经济是工业化高度发展的产物，工业化的发展既创造了服务经济的物质前提，又创造了服务经济的需求与发展动力。工农业现代化的高度发展，创造了丰富的物质产品并引致收入水平提高，从而使人们改变消费结构、增加服务需求。

(2)工农业生产也是服务活动的重要消费者。发达国家将服务活动分为消费服务与生产服务，后者发展更快，其主要原因就是工农业发展对服务的需求。工农业发展还会引致新服务业的产生与发展，从而对服务经济的结构产生影响。

(3)服务经济促进工农业的新发展。工业、农业仍是当今主要发达国家经济中的重要组成部分，并且得到了进一步的发展，服务经济的发展能够为工业、农业创造更好的环境。特别是在信息社会，信息服务已成为工业、农业发展的战略资源，是现代工农业生存与发展的关键。

四、服务经济的发展趋势

1.服务业内部结构"知识化"、"融合化"趋势明显

服务业结构升级成为服务经济发展的关键特征。一是服务业内部结构升级趋势体现为服务业从劳动密集型转向知识密集型，知识、技术含量高的现代服务业逐渐占据服务业的主导地位。技术进步驱动了一些现代新兴服务业如管理、咨询、广告服务的发展。这些服务业所提供的服务越来越以承载专业知识、专业技能或信息为己任，也就是说"服务"产品本身也在"知识化"和"信息化"。同时，服务业通过运用不断进步的信息技术，使自身的生产率水平得到前所未有的提高，即服务业的生产技术也在"知识化"和"信息化"。服务经济同知识经济存在着非常密切的联系，服务经济推动了知识经济的成长壮大；知识经济的发展，特别是服务业中知识含量较高的产业部门的发展又进一步推动了服务业的发展。二是服务产业内部不同行业间也在相互渗透和融合，从而使融合后的产业兼具原有服务业的特征。

2. 服务产出成为经济发展与运行的关键要素，生产性服务业的飞速发展成为一种基本现象

生产性服务业包括金融、法律、管理、研发设计、生产技术、物流、通信、销售等，是为生产、商务活动和政府管理而不是为最终消费服务的。在现代服务经济发展过程中，分工的细化和专业化生产带动了对服务的中间需求，生产性服务业在服务经济中的地位日益凸显，突出表现在它一方面推动了社会分工的进一步深化，另一方面又是分工经济的"黏合剂"。生产性服务可以成为产品价值增值的主要源泉，同时它也是人力资本、知识资本和技术资本进入生产过程的桥梁。

3. 高端服务业越来越向少数中心城市集聚

20世纪90年代以来，在信息化和全球化交互作用的背景下，全球经济运行方式和产业空间集聚形式发生了巨大变化。信息技术的广泛运用使得生产活动日益分散化和全球化，企业的中心功能如管理、研发、营销、融资等核心功能向企业总部积聚。中心控制功能的复杂化则带动了贸易、金融、会计、法律等专业服务业的发展，而这些企业总部和专业服务机构都集聚于少数核心城市。一个国家产业的竞争优势不再体现于最终产品和特定产业上，而是体现在该国的核心城市在产业链上所占据的环节。服务经济高度发达的核心城市在全球经济中逐步占据了指挥和控制地位。发展服务经济，建设企业总部控制功能强大和专业化服务能力高度集聚的核心城市已成为国际竞争的焦点和核心。

4. 服务经济体验化趋势

从服务经济的结构演进上看，体验经济有可能成为服务经济发展的更高级发展形态，甚至有可能成为服务业之后的经济基础。美国学者约瑟夫·派恩与詹姆斯·吉尔摩在20世纪90年代较早提出体验经济时代已经来临的论断，并且认为体验经济是服务经济向更高层次的发展和提升，甚至是人类经济发展的新阶段。面对体验经济的日益繁荣，如何将消费者的体验追求融入企业经营管理和客户服务中，就像丹麦学者罗尔夫·詹森所倡导的"为产品赋予情感价值"，在服务产品中浓缩和增值消费者的"体验"，探索基于顾客参与的大规模定制等模式的新营销策略，转变服务经济理念，乃是当今世界服务产业厂商和服务经济学者日益面临的突出问题。服务经济的体验化发展也就是传统经济向体验经济的转移，是一种以顾客体验及转化为基础的经济模式。体验就是企业以服务为舞台、以商品为道具环绕着消费者创造出值得消费者回忆的活动。目前体验经济已经初露端倪，如惠普公司的全面客户体验、微软公司的一站服务式体验以及在娱乐业兴起和发展的互动式体验等。在这种经济中文化将成为一种重要的生产要素，人的主观感受成为一种经济物品，消

费者成为价值创造的主体,通过和技术、人力资本的相互渗透作用,对经济发展和社会形态产生巨大的推动力。

第二节 服务的概念与特性

一、服务的概念

"服务"这个词,人们经常使用,但其含义往往并不相同。从最广泛的意义上说,在社会分工存在的条件下,人们分别进行不同的劳动,在不同行业中进行操作,就是彼此为对方提供服务。但在现实生活中,由于社会分工的发展,一部分人不从事工农业生产,只为他人提供非工农业产品的效用或有益活动,人们便把这种现象称之为服务。实际上,要想简单地说明什么是服务,还没有一个大家普遍接受的权威观点,现代经济理论中经济学家们从不同视角产生了多种服务概念。

1. 经济学的视角

最早定义服务的内涵和外延的是法国古典经济学家萨伊,他指出无形产品(服务)是人类的劳动果实,是资本的产物,是一个经济主体受让另一个经济主体经济要素的使用权,并对其使用所获得的运动形态的使用价值,即服务不会造成所有权的更换。瑞德尔定义服务是靠生产者对接受者有所行动而产生的,接受者提供一部分劳动,和(或)接受者与生产者在相互作用中产生服务。费希尔认为,服务生产活动即生产者的活动会改善其他经济单位的状况,这种改善可以采取消费单位所拥有的一种商品或一些商品的物质变化形式;也可以是某个人或一批人的肉体或精神状态。

2. 服务营销的视角

市场营销专家菲利普·科特勒认为,服务是一方能够向另一方提供的基本上是无形的任何活动或利益,并且不会导致所有权的产生。A·佩恩认为,服务是一种涉及某些无形性因素的活动,它包括与顾客或他们拥有财产的相关活动,不会造成所有权的更换,服务产出可能或不可能与物质产品紧密相连。美国市场营销学会 AMA 认为,服务可以从销售中购买,也可以随产品购买。

3. 服务过程的视角

Dorothy I. Riddle 和 Ledanard L. Herry 认为,服务与普通产品的最大区别在于,它主要是一个过程、一种活动。服务的过程可视为一个投入→变换→产出的过程,任何一个企业的运营过程都是投入人力、物料、设备、技术、信息等各种资源,经过若干个变换步骤,最后成为产出的过程。但是,产出形态最后有两种:有形产品和无形服务。无论是制造业企业还是服务业企业,提供的产出都是"有形产品 + 无形服务"(或"可触 + 不可触"),仅各自比例不同。顾客无论购买有形产品还是无形服务,都不是为了得到产品本身,而是为了获得某种效用或收益。但对制造业企业投入产出过程来说,投入的是制造产品所需资源(人力、物料、设备等)。对服务业企业来说,有时"顾客也是投入的一部分",有些服务甚至直接作用于顾客身体。

4.服务特性的视角

AMA、贝森、布洛伊斯、Sasser、格罗鲁斯、内蒂诺恩、菲兹西蒙斯等分别从服务特性的视角对服务进行了定义,他们认为,服务是一种无形特征和交互作用的过程活动,它经常是与顾客进行"合作生产"而得到的利益或满足感。P·佩蒂特指出,服务表示使用者的变形(在对个人服务的场合)或使用者商品的变形(在服务涉及商品的场合),所以享用服务并不含有任何可以转移的获得物,只是改变经济人或其商品的特征。经济学家 Hill 认为,服务是状态的变化,这种状态变化可以发生在某个经济主体之上;这种状态的变化是另外一个经济主体的劳动结果。从服务产生结果出发,Hill 揭示了服务包含的主体、客体,但过于笼统。A·佩恩在分析了各国营销组织和学者对服务的定义之后,对服务概念做出这样的界定,服务是一种涉及某些无形因素的活动,它包括与顾客或者他们拥有财产的相互活动,不会造成所有权的更换。意大利学者 G·佩里切利认为产品是各种因素组合的结果,可分为以可触内容为主的产品(有形产品)和以不可触内容为主的产品(无形产品),即服务。

5.服务管理的视角

詹姆斯·菲兹西蒙斯(James Pitzsimmons)认为,服务是一种顾客作为共同生产者、随时间消逝的、无形的经历。厄尔·萨瑟(Earl Sasser)认为,服务有其特性的界定,服务管理包括生产管理、传递管理、运营管理,其研究的服务是那种与有形产品相关联的服务,强调从服务特性入手分析服务,研究所运用的理论大多数是从有形产品管理中引入的。

6.与实物产品的对比视角

典型代表是 G·佩里切利和科特勒(Kotler)等,他们认为,产品与服务的形态是一个连续谱,以可触内容为主的称为有形产品,以不可触内容为主的称为服务。

综合上述定义和探讨,本书给出的服务定义是:为满足顾客需要,供方与顾客接触时所产生的系列活动及供方内部相关活动的过程及其结果。

二、服务的本质

经济学界对服务的认识是一个不断深入的过程,与不同时期服务业在国民经济中的地位与作用有直接的关系。长期以来,传统经济理论大都是以货物交易经济为思想基础,服务常常被忽略,或认为与实物商品完全一样,其经济规律相同。如今,经济学家已在实际运行层次对服务经济进行了大量研究,为了正确认识服务,关键是要认识它的本质。

1.服务劳动是生产劳动

服务是人类劳动的一种形式。由于人们的需求是多方面的,特别是随着社会经济的发展,人们需求的内容越来越丰富多样,有物质的、精神的,有有形的、无形的,有满足生存的、满足发展和享受的,等等。因此,凡是能够满足人们某种需要的劳动,都是生产劳动。服务劳动能够满足人们多种需要,毫无疑问是生产劳动。

2. 服务产品是社会产品

人类的劳动会产生两类成果：一类是以实物形式存在的劳动成果，即实物劳动成果，或称为产品、货物；另一类是不能以实物形式存在的劳动成果，即非实物劳动成果。前者一般被称为实物产品或商品，后者一般被称为服务产品，或叫做服务。这两类产品都是社会产品。非实物劳动成果之所以被纳入社会产品范畴，其根本原因在于它与实物劳动成果一样，也具有满足人的需要的功能。在消费对象稀缺的条件下，人的需求是人类从事劳动的直接动力。人类为了满足自身的物质和精神需要，以求生存、繁衍、发展和享受，劳动过程必须提供可以满足物质或精神需要的成果。不管劳动成果采取实物形态还是非实物形态，只要它能满足人的需要，解除相对稀缺，就说明人类从事劳动的目的已经达到，人们也就承认它是社会产品。而服务，如教育服务、医疗服务、文艺服务、交通服务、旅游服务、信息服务等，事实上都具有满足人多方面需要的功能，并由此与实物劳动成果构成互相补充或互相替代的关系。这样，它们就应理所当然地被包括在社会产品之中。

三、服务的特性

服务是一种无形的过程和行为，不表现为一个实物形态，或者说它是一种运动形态的使用价值。在更广的意义上，服务还是由过程和行为造成的结果。由于服务的特殊性，带来人们对服务定义的不一致性，因此也就决定了服务特点的多样性和不确定性。

1. 无形性（也称为"不可触摸性"）

服务的无形性是与一般物质产品的有形性相对独立的特征，这是服务作为产出与有形产品的最本质、最重要的区别。从两个方面来理解服务的无形性：一是与有形的消费品或工农业产品比较，服务的空间形态基本上是不固定的，在很多情况下人们不能触摸到，或不能用肉眼看见它的存在；二是有些服务的实用价值或效果，往往在短期内不易感受到，通常要等一段时间后，使用或享用服务的人才能感觉到服务所带来的利益，如教育服务、一种品牌作为无形资产的价值等。服务是一种执行的活动，由于它的无形性，服务在被购买之前，顾客不能凭借视、听、味、触、嗅等对待有形产品的方法感知服务的存在并判断其优劣，而只能通过搜寻相关信息、参考多方意见并结合自身的历史体验做出购买决策，这正是服务与有形产品之间的差异所引起的。因此，顾客在购买服务产品时，有时因为难以确定其品质而要承受不确定的风险。当然，服务的无形性也不是绝对的，许多服务都具有某种特点，并附着于有形物品发挥作用。

随着科学技术的发展和企业服务水平的日益提高，服务提供者正尽可能使无形的服务有形化，即在某些情况下服务提供者的生产形式是"物化服务"。"物化服务"就是把服务物质化，一种情况是服务生产者改变了一些人或者他们所拥有的商品的状态以后，服务就被认为是"物化"了，这种改变对个人或商品所有者是有实际价值的，如学生受益于教师的物化服务、病人受益于医生的物化服务、一种品牌的无形资产经评估形成价格等；另一种情况是用现代化手段实现物化服务，比如把乐队演奏或演员演出的全过程录音录像制成磁带或录像带、把计算机程序编成软件等，这就实现了服务的物质化。对顾客而言，有形载体本身的价值可以忽略不计，价值主体是服务。

2.即时性

服务的即时性主要表现在两个方面：一是不可分离性，二是不可储存性。

不可分离性是指服务的生产过程与消费过程同时进行，它不像有形产品那样，在生产、流通、消费过程中，一般要经过一系列的中间环节，因而生产与消费过程一般都具有一定的时间间隔，服务的生产与消费过程通常是同时发生的，而服务产品与其提供来源大多是无法分割的。服务在本质上是一个过程或一系列的活动，消费者在此过程中必须与生产者直接发生联系。服务人员将服务提供给顾客的过程，也就是顾客消费、享用服务的过程，因此服务的生产和消费在时间上不可分离。由于服务的不可分割性，使得大多数情况下，顾客必须介入生产流程，这就使服务的提供人员与顾客之间的互动极为密切，购买服务者对于服务品质也有相当的影响。当然在某些特殊的情况下，服务的生产和消费可以不同时进行，典型的如"物化服务"。服务的不可分离性对服务的质量管理和营销管理提出了新的要求，服务营销管理也必须将顾客纳入管理之中，而不局限于对服务员工的管理。服务员工与顾客之间的相互作用是影响服务质量高低的重要因素，对互动过程的管理也相当重要。

不可储存性是指服务的生产和消费必须在同一时间同一地点进行，无法如一般有形产品一样，在生产之后可以存放待售，它是不能被储存的。不具备储存能力，服务产品既不能在时间上储存下来以备将来使用，也不能在空间上将服务转移并安放下来，如果不能及时消费，就会造成服务的损失。服务的不可储存性是由不可感知性和服务的生产、消费的不可分离性决定的，例如美容美发、餐饮服务、仓储运输服务、旅馆、旅游及医疗服务等。当然，有些服务是利用一定的设备进行的，这些设备可能会提前准备好，但生产出来的服务如果不及时消费，也会造成损失，只不过这种损失不像有形产品的损失那样明显。因此，由于服务不可储存，服务能力的设定以及对服务需求的管理就是非常重要的。服务能力的大小、服务设施位置对服务业企业的获利能力有至关重要的影响。服务能力不足会带来机会损失；服务能力过大会支出许多固定成本。

3.异质性

服务的异质性是指服务的构成要素及质量水平经常变化，难以统一认定。服务具有高度的异质性，即使是同一种服务，受提供服务的时间、地点及人员等因素的影响也很大。尤其是必须有人员接触的服务，其服务的品质异质性就相当大，通常会视服务人员、接触顾客的不同而有所差异，服务的构成成分及其质量水平经常变化，甚至每天都有变化。由于服务无法像有形产品那样实现标准化，因此同一服务存在质量差别。每次服务带给顾客的效用、顾客感知的服务质量都可能不同。究其原因，服务的异质性是由服务提供者、服务消费者以及两者之间的相互作用三方面共同决定的。

对服务提供者：不同服务人员的技术水平、服务态度及其努力程度会有所差异，这会产生不同的服务效果，顾客感知的服务质量也不相同。即使是同一个服务人员，其行为在不同的时间和地点也会有所差异，因此提供的服务会产生差异。

对服务消费者：顾客的个性化特征存在很大差异，如知识层次、爱好、道德修养等，时常会对服务提出特殊的要求，对服务的质量和效果有直接影响。顾客的特殊要求使得服务质量标准有很大的弹性，因此服务质量可以在很大范围内变动，这也使得对服务质量的管理要困难得多。

服务人员与顾客的交互作用，服务提供者和消费者本身的差异决定了两者之间的相互作用也存在差异，即使是同一服务人员向同一个顾客提供的服务也可能会存在差异。

4.所有权的不可转让性

服务所有权的不可转让性是指服务的生产和消费过程中不涉及任何有形物品的所有权的转移，或者说服务与所有权无关。顾客在消费完服务后，不会获得像有形产品交易后的所有权的转移，服务消费者对服务只拥有使用权或消费权。例如，乘坐飞机抵达目的地后，除了机票和登记卡以外，旅客不再享受旅行服务，旅行服务的所有权不会发生变化；在银行提款后，储户取到了钱，但银行的服务也不会产生所有权的变更。

在服务的这几种特征中，无形性是最基本的特征，其他特征都以这一基本特征为基础。同时这几种特征也相互影响、相互作用，共同构成了服务与有形产品间的本质区别。正是因为服务的不可感知性，它才具有不可分离性，而服务的异质性、不可储存性、缺乏所有权在很大程度上是由不可感知性和不可分离性两大特征决定的。此外，不同特征对服务质量及营销管理的影响有所不同，而将不同特征综合考虑，还会发现服务与商品的其他差异。

四、服务与产品的区别

1.产品的含义与特性

产品有广义和狭义之分。广义的产品是指任何活动或过程的结合，它可以是有形的，也可以是无形的，还可以是两者的组合。ISO 9000认证将产品划分为四大类：硬件、软件、流程性材料和服务。狭义的产品的界定，来自于营销学中的"产品层次模型"。该模型将"核心产品"视为实物产品，而将包围在"核心产品"之外的其他层次视为附加服务。因此，传统意义上的产品，实际上是由实体产品和附加服务构成的一个整体，是一个能满足消费者需求的"产品包"。例如，海尔集团作为典型的家电制造企业，它在提供实体产品（如彩色电视机、冰箱、空调等）的同时，也提供相应的附加服务（如售后服务），来解决消费者在使用过程中出现的一些问题，以保证其售出的产品能更好地满足消费者的需求。本书采用广义的产品概念，将产品尤其是有形产品的特性归纳如下。

（1）产品是独立、静态的物质对象。产品具有不依赖于主体的行为的客观自在性，是人类可感知的范围内的物质。

（2）产品拥有价值与使用价值。产品的使用价值是指产品的有用性，产品能够使人们的某种需要得到满足。产品的价值是指凝结在产品中无差别的人类劳动，是交换价值与价格的基础。产品的价值表现的是产品在生产、交换、分配和消费过程中的人与人之间的关系。

（3）产品具有完整的权利结构。产品作为静止的客观的对象物，是人类占有的对象。"占有"是一个法律上的概念，指产品的使用、处置和收益等相关权利在归属上的法律限定。

（4）产品具有可分性、可加性和可数性。产品的可分性是指产品可以直接分割为最小的单位，产品的可分性还有一层意思是指产品的所有权的分割可以以产品的物理分割为基础。例如，一件衣服的所有权可以和该件衣服的物理状态在一次交易中同时转让。产品的可加性是可分性的反向特性，也是就产品所有权与其物理状态的对等性而言的。

2.服务与产品的区别

服务和有形产品存在性质上的差异，在各方面都有相对独立的特征。芬兰学者克里斯蒂·格罗鲁斯认为服务和有形产品表现出以下若干相对的特征。

（1）存在形式

有形产品是独立、静止的物质对象，是一种实体产品。服务是非实体、无形的，它只是一种行为或过程。所以有形产品具有可分性、可加性和可数性，服务则不具备这些特点。

（2）表现形式

有形产品是一种标准化产品，产品的外形具有相似性，不会发生大的变化。由于员工和顾客参与服务的生产和消费，加之两者交互作用，每一种服务都可能与其他类型服务的表现形式有所差异，大多数服务很难标准化。

（3）生产、销售与消费的同时性

有形产品的生产、销售和消费可以完全独立地连续进行，顾客不参与生产过程，而消费时也无须企业员工的参与。服务的生产、销售和消费是同一个过程，顾客和员工必须同时参与才能完成服务的生产、销售和消费。

（4）核心价值的生产方式

有形产品的核心价值是在工厂里被生产出来，它凝聚在产品当中，其核心价值的高低在工厂里就已经确定，这是一种静态属性，与顾客无关。服务的核心价值是在顾客与员工的接触中产生的，它不可能事先被创造出来，是一种动态属性，其核心价值的高低取决于顾客和员工两个方面的努力。

（5）顾客参与生产的程度

有形产品的生产过程一般不需要顾客的参与，只在少数情况下顾客会参与。服务的生产过程必须有顾客的积极参与才能较好地完成，顾客的参与是服务生产过程的必要因素。

（6）可储存性

有形产品在生产出来以后可以在一定的时间内储存，不会影响其消费；服务的生产和消费是同时进行的，否则就会消失，不可储存。

（7）所有权结构

有形产品具有完整的权利结构，它可以清楚地界定与"占有"相关的所有权利，当顾客购买了产品后，其所有权就发生了转移。服务不具有完整的所有权的结构，顾客在对它进行消费后，不能获得对它的所有权，或者说只拥有使用权。

（8）质量控制标准

产品质量有客观标准可以参照，当出现质量问题时，企业可以较为容易地通过各种手段加以控制和解决。服务质量的高低不仅取决于员工本身的技能，还取决于顾客的态度和参与程度，主观性很强，难以进行有效的控制。

（9）顾客评价的难易程度

有形产品看得见、摸得着，顾客可以较为容易地对品质、外形等进行评价，按照各种客观标准进行测试和量化。服务本身的性质决定了它不具备有形产品那样的客观标准，涉及多种主观因素，因此难以评价。

（10）分销渠道

有形产品的储存性不受时间和空间的限制，可以采取多种营销方式和分销渠道。服务在生产和消费上的不可分离性决定了只能采取较为单一的手段进行销售，缺乏中介，许多服务只能由生产者直接提供。

（11）规模效益

有形产品生产和消费的可分离性决定了它能够实现标准化生产，规模效益较高。服务的生产和消费必须由顾客参与，而顾客的要求又有所差别，很少能够实现标准化生产，规模效益低下。

第三节 服务的分类

与服务的基本概念存在广泛的争论一样，关于服务分类也是一个众说纷纭的话题。布莱森和丹尼尔斯（Bryson & Danniels）曾经指出：（对于服务）有多少研究就有多少分类。本书分别从管理视角和功能视角对服务进行分类。

一、管理视角的服务分类

服务管理的先驱者们在这方面已经做了大量的工作，也提出了许多分类的方法和具体的分类。典型的方法有：洛夫洛克分类法、萧斯塔克分类法、蔡斯分类法、罗杰·施米诺分类法等。

1. 洛夫洛克分类

洛夫洛克（Christopher H. Lovelock）的分类较为权威。按照洛夫洛克的观点，服务可以从服务活动的对象、服务传递方式、服务经历要素、服务组织同顾客的关系、服务过程中定制化程度等几个方面进行分类，这种从不同的切入点对服务进行分类的方法，对于我们深入了解服务的特殊性、了解如何通过把握服务特性提高服务管理水平具有积极的意义。其中，有两种分类值得我们关注。

洛夫洛克所做的第一种分类是根据服务对象和服务活动的有形性或无形性来进行的，由此将服务分为针对人体的服务、针对商品或其他实物的服务、针对人的思想的服务和针对无形资产的服务四类。

这种分类方法为认识服务营销和制定服务营销策略奠定了基础，它提供给营销人员有关识别服务利益、了解顾客行为和经历、制定渠道策略、设计和定位服务传递系统等方面的重要思想。通过这种分类，可以使服务管理人员清楚地了解企业向顾客所提供的特定的和核心利益是什么，寻找到服务的核心产品，以制定出具有针对性的营销策略。

洛夫洛克所做的第二种分类是根据服务组织同顾客的关系，将服务分为会员制持续传递型服务（如银行、大学等）、持续传递但没有正式关系的服务（如电台、高速公路等）、会员制间断交易型服务（如长途电话用户、保修期内的修理等）和间断的没有正式关系的交易型服务（如公共交通、餐馆等）。

从管理方式、定价策略等各个方面来看，这四种服务类型对于管理的意义都是不同的。例如，如果企业向顾客传递的是一种连续性的服务，而且可以与顾客建立会员制或类似于会员制的关系，那么，企业就可以实行"一对一营销"，也可以利用数据库更好地为顾客提供服务。同时，顾客也可以在价格方面享受到折扣等优惠措施；相反，如果企业向顾客传递的是离散性的服务，特别是一些公共服务，如高速公路等，则企业的管理方式可能趋向于非关系营销模式，可供企业选择的价格策略也会相应减少。更重要的是，在很多情况下，企业对于服务对象的确认不像在连续性服务企业中那么清晰，这是这类企业面临的一个较大的问题。

当然，洛夫洛克还提出了一些其他的分类，但这些分类是对以前一些学者分类方法的深化与补充，如按顾客接触水平将服务分为高接触度服务（High- Contact Services）、中接触度服务（Medium- Contact Services）和低接触度服务（Low- Contact Services），实际上是建立在蔡斯（Richard B. Chase）分类的基础之上的，不同之处在于蔡斯是利用表解法，而洛夫洛克采用的是图解法。

2. 萧斯塔克分类

萧斯塔克（G. Lynn Shostack）对服务分类的视野与其他学者不同，他是从实体产品与服务相结合的角度进行服务分类的。

从图1-1我们可以看出，萧斯塔克把企业提供给市场的东西分为四大类，而且可以排成一种连续谱系。

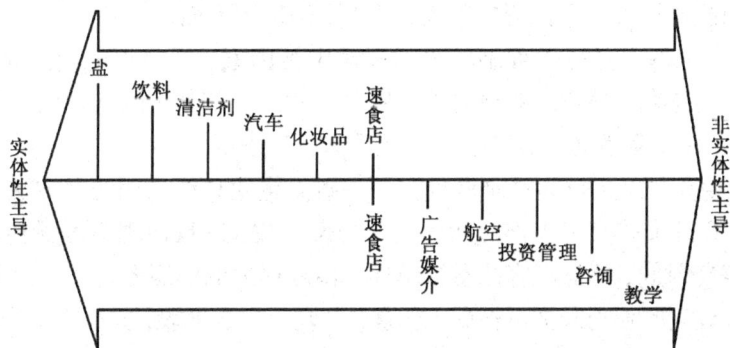

图 1-1　产品/服务连续谱系图

资料来源：Shostack G. L. Breaking Free from Product Marketing. Journal of Marketing . Vol 41, April 1997:77.

（1）纯粹的而且不附带明显服务的实体产品（如盐、牙膏等）。销售的标的物是实体物品。

（2）附带服务的实体物品。所提供的是附带服务的一些产品（如汽车、电视机等），但销售的标的物是实体物品。

（3）伴有产品的服务。所提供的服务附带有产品或是服务和产品服务都有（如航空旅行、在医院做手术等），但销售的标的物是一种非实体性的东西。

（4）纯粹的服务。所提供的是服务（如信息），销售的标的物是非实体性项目。

上面的连续谱系图所强调的是，大多数产品都是不同要素属性的结合体，纯粹的产品和纯粹的服务都很少。萧斯塔克的这种分类为我们提供了一种新的观察整个市场并对其加以管理的途径。这种分类方法曾被许多学者加以采用，如科特勒（Kotler,2000）。不过，科特勒的分类比萧斯塔克分类更深化了一些，他将整个服务分为纯粹有形商品、伴随服务的有形商品、有形商品与服务的混合、主要服务伴随小物品和小服务及纯粹的服务五类。

3.蔡斯分类

美国亚利桑那大学蔡斯（Richard B. Chase）教授根据顾客和服务体系接触程度划分服务体系。接触程度是指服务体系为顾客服务的时间与顾客必须留在服务现场的时间之比。这个比率越高，在服务过程中，顾客与服务体系之间的接触程度也越高。在接触程度高的服务行为中，顾客参与服务过程，会影响服务需要的时间、服务的性质和服务的质量。因此，这类服务行为较难控制，较难提高生产效率。在接触程度低的服务行为中，顾客与服务体系之间的相互交往很少发生，或相互交往时间相当短暂。在服务过程中，顾客对服务体系几乎没有什么影响，因此，这类服务行为可实现与工业企业类似的生产效率。

服务体系可划分为三种类型：纯服务体系、混合服务体系和准制造体系。纯服务体系与顾客直接接触，其主要业务活动需要顾客直接参与；混合服务体系的"面对面"服务工作与后台辅助工作松散地结合在一起；而准制造体系与顾客几乎没有面对面的接触。

同一企业可能会有不同的服务体系。例如，对于民航业来说，民航客舱服务表现出纯服务特点，机场服务具有混合服务特点，而客机检修工作则表现出准制造特点。

接触程度对提高服务质量的影响很大，原因在于以下方面。

（1）接触程度高的服务行为面临较多的不确定性因素，顾客可能会随时提出新要求，随时引起服务行为中断，导致影响预期服务质量的实现。例如，民航客机会等待迟到的乘客，推迟起飞时间；医院为抢救病人临时修改手术日程表等。

（2）接触程度高的服务行为很难做到供需一致。企业只能采用统计方法，预测某一时刻的顾客人数，以此安排员工工作时间和使用的设备数，一旦出现不可预料的超需求，就会增加顾客的等待时间，降低顾客的感知质量。接触程度低的服务行为一般可以做到供需一致，这类服务行为的管理人员可根据工作量，制定工作进度表，安排人员和设施，比较容易控制服务质量。

（3）在接触程度高的服务行为中，服务人员与顾客之间的相互交往是服务工作的重要组成部分。服务人员的态度会影响顾客感知的服务质量。因此，公关技能是服务人员必须掌握的一项重要技能。

（4）在接触程度高的服务行为中，服务时间更重要。服务人员稍微耽误几分钟，或先为后到的顾客服务，都会降低顾客的满意程度，降低顾客感知的服务质量。因此，这类服务行为可以采用并行作业或降低接触程度的方法，提高工作效率和感知的服务质量，如增加结账窗口。再比如，火车售票处如果让插队者优先购票，会引起排队者的反感。但是，降低接触程度的车票代购处为后来的订票者优先买票，先订票者却不可能知道，自然不会引起反感，同时也就不会降低顾客感知的服务质量了。

4. 罗杰·施米诺分类

罗杰·施米诺(Roger Schmenner)设计了一个服务矩阵，在该矩阵中，他根据影响服务传递过程的两个主要维度，对服务进行了分类(见表1-1)。

表1-1　服务过程矩阵

劳动力密集程度	交互和定制程度	
	高	低
低	服务工厂 航空公司 运输公司 旅馆 度假胜地与娱乐场所	服务作坊 医院 机动车修理厂 其他维修服务
高	大众化服务 零售业 批发业 餐饮业 教育	专业性服务 私人医生 律师、会计师 商业咨询 网络信息商

资料来源：Roger W. Schmenner. How Can Service and Prosper. Sloan Management Review, vol. 27, No. 3, Spring 1986: 25.

为了反映不同服务的性质，服务过程矩阵的四个象限被赋予不同的名称。

"服务工厂"提供标准化的服务，具有较高的资本投资，更像是一家流水线生产厂。

"服务作坊"则允许得到更多的定制服务，但它们是在高资本的情况下经营的。

"大众化服务"的顾客在劳动力密集的环境里得到无差别的服务。

那些寻求"专业性服务"的顾客会得到经过特殊训练的专家为其提供的个性化服务。

二、功能视角的服务分类

服务是一个非常纷杂的活动，它既包括新兴的服务活动，如电信服务和技术中介服务，又包括十分传统的服务，如理发服务。服务业既包括劳动密集型产业，如专业化的服务，又包括资本密集型产业，如交通运输业；还包括知识和技术密集型产业，如金融业、保险业等；既包括生产率增长很快的产业，如信息服务业，又包括生产率几乎不增长的部门，如艺术服务；既包括可以标准化和大规模生产的服务，如快餐业，也包括只能以顾客化方式生产的服务，如咨询服务。经济学家布朗宁和辛格曼(Browning & Singelmann)从服务的功能出发，将服务分为流通服务、生产者服务、社会服务和个人服务，并进而对各式各样的服务行业进行了归类,其中流通服务和生产者服务基本上是工业生产的延伸,其发展在很大程度上是受工业文明的推动;而社会服务和个人服务则主要来自消费者对他们的直接需要,其发展在更大程度上是为最终需求所推动的(见表1-2)。

表1-2 服务按功能分类

1.流通服务	交通、仓储、通信、批发、零售、广告及其他销售服务等	3.社会服务	医疗和保健、医院、教育、福利和宗教服务、政府、邮政、其他专业化服务
2.生产者服务	银行、信托及其他金融、保险、房地产、工程和建筑服务、会计、出版、法律服务、其他营业服务	4.个人服务	家政服务、旅馆和餐饮、修理服务、洗衣理发和美容服务、娱乐和休闲、其他个人服务

具体来看,流通服务如仓储、交通、通信、批发、零售等活动,是从生产到消费的最后一个阶段,它们与第一产业和第二产业加起来就是商品从原始自然资源经过提炼、加工、制造、销售,最后到达消费者这样整个生产流通和消费的完善过程。因此,流通服务必然会随着商品生产规模的扩大而增加。

生产者服务主要是作为商品生产的中间投入,当然也有一部分是为最终消费者服务的,只是这部分的重要性和规模远不及作为中间投入的部分,因此,生产者服务业往往会随着商品生产规模的扩大而发展,同时,又会随着社会分工程度的提高和产业组织的复杂化,而不断从商品生产企业中"外部化"出来,从而得到进一步的发展。

社会服务包括医疗、教育、邮政、政府等服务活动,它们的显著发展出现在工业化后期。这类服务往往具有公共需求的特性,是物质文明高度发展后的产物。因此,它们的实现必须借助于高度发展的物质生产条件。社会服务中有相当一部分是为了维持制度的运行而生产的,属于社会消耗的"交易费用",因此并不是越多越好。

个人服务包括家政、餐饮、住宿、娱乐等社会活动,主要来自于个体消费者的最终需求,具有规模小、经营分散、资本投入低、技术含量不高等特点。

小　　结

当今世界经济中,服务经济的特点越来越明显和突出,在国民经济中的比重不断上升,服务成为发达国家市场经济中的重要形式,服务业也成为推动国民产出总量增长、经济持续发展的重要动力。服务经济已经成为涉及范围最广、比重最大的产业,它早已不局限于传统的饮食业、修理业、零售业之类,有相当一部分关系国计民生,如金融服务经济事关国民经济命脉、信息服务经济事关国家安全和人民生活。

本章主要内容分为三节。在第一节中介绍了服务经济的发展历史、重要性以及特征和表现形态,并展望了中国服务经济的发展趋势。在第二节中,我们分别从不同的视角阐述了"服务"的概念，继而较为详细地总结出了"服务"所表现的特性，并在此基础上将"服务"与"产品"进行比较，找出两者的异同点。在第三节中，我们根据不同学者在服务管理中的探索与努力对"服务"进行了分类，提炼出那些看似不同的服务所具有的共同特征，同时，帮助我们了解它们在服务管理中的应用。

思　考

1. 简述服务经济下服务的特点。
2. 简述我国服务经济发展的趋势。
3. 简述服务的特性，服务与有形产品的区别。
4. 简述服务的几种代表性分类。

第二章
服 务 质 量

　　在 ISO 8402-86《质量管理和质量保证术语》中对产品或服务的质量定义是：产品或服务满足规定或潜在需求的特征和特性的总和。这仅是一个笼统的一般化的概念，要实现有效的服务质量管理有必要对服务质量做更深入的分析。从狭义上讲，服务质量可以分为两个方面。一是技术质量，它与服务的产出有关，是在生产过程和买卖双方的接触过程结束之后顾客所得到的客观结果；二是功能质量，它是在生产过程之中，通过买卖双方的接触，顾客所经历和感受到的东西。服务的技术质量便于顾客客观评价，而功能质量颇具主观色彩，一般很难客观评定。技术质量表示顾客得到的是什么，而功能质量则表示顾客是如何得到这些服务结果的。

第一节　质量的概念及特性

一、质量的概念

　　原始时代，生产者即消费者，他们以生产出自己生活所需要的产品为满足。直到出现劳动分工，质量意识才开始萌生。但产品的质量依靠掌握熟练技术和技巧的工匠来保证，并没有人对"质量"进行深入的理论思索。

　　20 世纪初，随着人们对质量问题的重视，对质量概念认识的深化，一些学者和专家提出了质量的符合性定义，即质量是产品符合标准的程度(Conformance to Standard)。

　　1956 年，美国工程师 A. V. 费根堡姆提出了"全面质量管理"的概念，主张从产品设计、制造到销售、使用等各个环节都开展质量管理，建立质量保证体系，以确保最经济地大批量生产出用户需要的产品。

　　同时期，美国著名的质量管理专家朱兰博士从顾客的角度出发，提出了产品质量就是产品的适用性，即产品在使用时能成功地满足用户需要的程度。用户对产品的基本要求就是适用，适用性恰如其分地表达了质量的内涵。这一定义有两个方面的含义，即使用要求和满足程度。人们使用产品，总会对产品质量提出一定的要求，而这些要求往往受到使用时间、使用地点、使用对象、社会环境和市场竞争等因素的影响，这些因素的变化，会使人们对同一产品提出不同的质量要求。因此，质量不是一个固定不变的概念，它是动态的、变化的、发展的；它随着时间、地点、使用对象的不同而不同，随着社会的发展、技术的进步而不断更新和丰富。用户对产品的使用要求的满足程度，反映在对产品的性能、经济特性、服务特性、环境特性和心理特性等方面。因此，质量是一个综合的概念。它并不要求技术特性越高越好，而是追求诸如性能、成本、数量、交货期、服务等因素的最佳组合，即所谓的最适当。

　　20 世纪 60 年代，全面质量控制的概念开始广为人知，强调全员参与，全公司范围和全过程控制，下道工序就是用户，满足用户需要等。因此，这一时期的概念也相应发生了变化，出现了质量是指满足顾客(或用户)需要的程度的定义。

　　20 世纪 80 年代末期，国际标准化组织制定了《质量管理和质量保证》(ISO 9000)系列标准，将质量定义为"反映实体满足规定和潜在需要能力的特性总和"，并做了比较全面的解释。2000年7月国际标准化组织又将质量的定义修改为：一组固有特性满足要求的程度。这一定义既反映了要符合标准的要求，也反映了要满足顾客的需要。

ISO 9000标准的定义，可以从以下几个方面来理解。

(1)相对于ISO 8402《质量管理和质量保证术语》的定义，更能直接地表述质量的属性，由于它对质量的载体不做界定，说明质量是可以存在于不同领域或任何事物中的。对质量管理体系来说，质量的载体不仅针对产品，即过程的结果(如硬件、流程性材料、软件和服务)，也针对过程和体系或者它们的组合。也就是说，所谓"质量"，既可以是零部件、计算机软件或服务等产品的质量，也可以是某项活动的工作质量或某个过程的工作质量，还可以是企业的信誉、体系的有效性。

(2)定义中特性是指事物所特有的性质，固有特性是事物本来就有的，它是通过产品、过程或体系设计和开发及其之后实现过程形成的属性。例如：物质特性(如机械、电气、化学或生物特性)、感官特性(如用嗅觉、触觉、味觉、视觉等感觉控制的特性)、行为特性(如礼貌、诚实、正直)、时间特性(如准时性、可靠性、可用性)、人体工效特性(如语言或生理特性、人身安全特性)、功能特性(如飞机最快速度)等。这些固有特性的要求大多是可测量的、赋予的特性(如某一产品的价格)，而并非是产品、体系或过程的固有特性。

(3)满足要求就是应满足明示的(如明确规定的)、通常隐含的(如组织的惯例、一般习惯)或必须履行的(如法律法规、行业规则)的需要和期望。只有全面满足这些要求，才能评定为好的质量或优秀的质量。

(4)顾客和其他相关方对产品、体系或过程的质量要求是动态的、发展的和相对的。它将随着时间、地点、环境的变化而变化。所以，应定期对质量进行评审，按照变化的需要和期望，相应地改进产品、体系或过程的质量，确保持续地满足顾客和其他相关方的要求。

(5)"质量"一词可用形容词如差、好或优秀等来修饰。在质量管理过程中，"质量"的含义是广义的，除了产品质量之外，还包括工作质量。质量管理不仅要管好产品本身的质量，还要管好质量赖以产生和形成的工作质量，并以工作质量为重点。

质量的内容十分丰富，随着社会经济和科学技术的发展，还在不断充实、完善和深化，同样，人们对质量概念的认识也经历了一个不断发展和深化的历史过程，其中具有代表性的质量概念主要有以下内容。

"符合性质量"。它认为质量只是符合标准的要求。这是长期以来人们对质量的理解，但是标准不先进，即使是百分之百符合，也不能认为是质量好的产品，于是质量的概念在满足符合性的基础上又产生了"适用性"的概念。

"适用性质量"。它是以适合顾客需要的程度作为衡量的依据，即从使用的角度来定义质量，认为产品质量是产品在使用时能成功满足顾客需要的程度。"适用性质量"概念的发展，说明了人们在质量概念的认识上逐渐把顾客的需求放在首位，但是满足顾客使用需要的产品质量还不一定使顾客满意，于是质量的概念向"顾客满意质量"演变。

"顾客满意质量"。由于顾客(和相关方)满意的"要求"是广义的，它除了适用性外，还可能是隐含的要求，如对汽车来说，顾客要求除了美观、舒适、轻便、省油和方便良好的售后服务之外，还可能是法律法规要求，如发动机排放物符合排放标准，制动器的安全可靠性高，等等。

由此可知，质量的概念是从"符合"、"适用"到"顾客满意"不断演变的。

二、质量的特性

质量特性是指产品、过程或体系与要求有关的固有属性。质量概念的关键是"满足要求"。这些"要求"必须转化为有指标的特性，作为评价、检验和考核的依据。由于顾客的需求是多种多样的，所以反映质量的特性也应该是多种多样的。

质量特性可分为真正质量特性和代用质量特性。

所谓"真正质量特性"，是指直接反映用户需求的质量特性。一般地，真正质量特性表现为产品的整体质量特性，但不能完全体现在产品制造规范上，而且，在大多数情况下，很难直接定量表示。因此，就需要根据真正质量特性（用户需求）相应地确定一些数据和参数来间接反映它，这些数据和参数就称为"代用质量特性"。

对于产品质量特性，无论是真正质量特性还是代用质量特性，都应当尽量定量化，并尽量体现产品使用时的客观要求。把反映产品质量主要特性的技术经济参数明确规定下来，作为衡量产品质量的尺度，就形成了产品的技术标准。

产品技术标准，标志着产品质量特性应达到的要求，符合技术标准的产品就是合格品，不符合技术标准的产品就是不合格品。

另外，根据对顾客满意的影响程度不同，还可将质量特性分为关键质量特性、重要质量特性和次要质量特性三类。关键质量特性是指若超过规定的特性值要求，会直接影响产品安全性或产品整机功能丧失的质量特性。重要质量特性是指若超过规定的特性值要求，将造成产品部分功能丧失的质量特性。次要质量特性是指若超过规定的特性值要求，暂不影响产品功能，但可能会引起产品功能逐渐丧失的质量特性。

不同类别的产品，质量特性的具体表现形式也不尽相同。

（1）硬件产品的质量特性

① 性能：通常指产品在功能上满足顾客要求的能力，包括使用性能和外观性能。

② 寿命：指产品能够正常使用的年限，包括使用寿命和储存寿命两种。使用寿命指产品在规定的使用条件下完成规定功能的工作总时间。一般地，不同的产品对使用寿命有不同的要求。储存寿命指在规定储存条件下，产品从开始储存到规定的失效时间。

③ 可信性：是用于表述可用性及其影响因素（可靠性、维修性和保障性）的集合术语。产品在规定的条件下，在规定的时间内，完成规定的功能的能力称为可靠性。对机电产品、压力容器、飞机和那些发生质量事故会造成巨大损失或危及人身、社会安全的产品，可靠性是使用过程中主要的质量指标。维修性是指产品用规定的条件、时间、程序和方法进行维修，保持或恢复到规定状态的能力。保障性是指按规定的要求和时间，提供维修所必需的资源的能力。显然，具备上述"三性"时，必然是一个可用而且好用的产品。

④ 安全性：指产品在制造、流通和使用过程中保证人身安全与环境免遭危害的程度。目前，世界各国对产品安全性都给予了最大的关注。

⑤ 经济性：指产品寿命周期的总费用，包括生产、销售过程的费用和使用过程的费用。经济性是保证组织在竞争中得以生存的关键特性之一，是用户日益关心的一个质量指标。

（2）软件产品的质量特性

① 功能性：指软件所实现的功能，即满足用户要求的程度，包括用户陈述的或隐含的需求程度，是软件产品的首选质量特性。

② 可靠性：是软件产品的最重要的质量特性。它反映软件在稳定状态下，维持正常工作的能力。

③ 易用性：反映软件与用户之间的友善性，即用户在使用软件时的方便程度。

④ 效率：指在规定的条件下，软件实现某种功能耗费物理资源的有效程度。

⑤ 可维护性：指软件在环境改变或发生错误时，进行修改的难易程度。易于维护的软件也是一个易理解、易测试和易修改的产品，是软件的又一个重要特性。

⑥ 可移植性：指软件能够方便地移植到不同运行环境的程度。

（3）流程材料的质量特性

① 物理性能：指密度、豁度、粒度、电传导性能等。

② 化学性能：指耐腐蚀性、抗氧化性、稳定性等。

③ 力学性能：指强度、硬度、韧性等。

④ 外观：指几何形状、色泽等。

第二节　服务质量的概念及特性

近年来，服务质量和服务质量管理研究取得了长足的进展。例如：朱兰(Juran)博士认为服务质量可以分为 5 部分：技术方面(如服务的困难度)、心理方面(如味道和感觉)、时间导向(可靠度和持续性)、契约性(保证服务)和道德方面(如服务人员态度和诚实服务等)。格罗鲁斯(Gronroos)认为服务质量包括技术质量(服务结果)和功能质量(服务过程)两个方面，并于 2000 年提出服务质量的 7 个维度：职业作风与技能、态度与行为、服务的易获得性和灵活性、可靠性与信任性、服务补救能力、服务环境组合、声誉与信用。普拉苏拉曼(A. Parasuranman)、约瑟曼(Vala-rie A. Zeithaml)和白瑞(Leonard L. Berry)等人认为服务质量取决于顾客购买前期望、感知的过程质量和感知的结果质量，1985 年，他们提出衡量服务质量的 10 个维度：可靠性、响应性、胜任力、接近性、礼貌性、沟通性、信赖性、安全性、了解性和有形性，并于 1988 年将 10 个维度缩减为 5 个，即有形性、可靠性、响应性、保证性和移情性。上述提到的普拉苏拉曼等这些人，以下我们简称 PZB，对顾客感知服务质量也进行了深入的研究，他们对服务质量给出了一个比较权威的定义，指出服务质量是指服务实际是否符合顾客期望。他们认为，服务质量是顾客对服务质量的感知同对服务的期望之间的比较。

一、顾客感知服务质量概念的产生与发展

如果进行追溯，也许对服务质量研究最具启发力的学者当属斯旺和康姆斯。早在1976年，在研究产品的感知绩效时，斯旺（J. E. Swan）和康姆斯（L. J. Combs）就提出了一个极具创新性的观点：消费者对产品绩效的感知可以分为两个部分，即产品的机械性绩效（Instrumental Performance）和产品的表达性绩效（Expressive Performance）。他们通过实证研究所得出的大部分结论，对研究服务产品质量问题具有极大的启发意义。

按照斯旺和康姆斯的观点，所谓机械性绩效是指一个产品的技术质量，而表达性绩效则与这种技术质量传递的方式相关，是一种心理性绩效。从服务的角度来看，前者相对应的是服务生产的结果，如顾客在运输过程中从A地到达B地；而表达性绩效则相当于服务的过程质量，相当于在服务生产过程中服务提供者与服务对象之间的互动关系。这种研究的角度和分类方法，为格罗鲁斯创建最早的服务质量管理模型和对服务质量的"微分"奠定了基础。其后，萨瑟（Sasser）等人在论述服务质量时明确地指出：服务质量不仅包括最后的结果，还包括提供服务的方式。1981年，罗赫巴（Rohrbaugh）更是直接将服务质量划分为人员质量、过程质量和结果质量三部分。

尽管学者们很早就认为在有形商品与服务之间存在着差异，也提出了各种各样的看法，但真正提出顾客感知服务质量并对其内涵进行科学界定的学者当属格罗鲁斯教授。1984年，格罗鲁斯第一次提出了顾客感知服务质量的概念。

格罗鲁斯将顾客感知服务质量定义为顾客对服务期望（Expectation）与感知服务绩效（Perceived Service Performance）之间的差异比较。感知服务绩效大于服务期望，则顾客感知服务质量是良好的，反之亦然。同时，他还界定了顾客感知服务质量的基本构成要素，即顾客感知服务质量由技术质量（Technical Quality，即服务的结果）和功能质量（Functional Quality，即服务过程质量）组成，从而将服务质量与有形产品的质量从本质上区别开来。

格罗鲁斯创建的感知服务质量评价方法与差异结构（Disconfirmation Construct，用来衡量顾客服务经历和服务结果与期望吻合程度的方法）至今仍然是服务质量管理研究最为重要的理论基础。此后，美国的服务管理研究组合PZB对顾客感知服务质量进行了更为深入的研究。他们于1985年提出了差距模型，在这个模型中，他们将服务质量影响因素归纳为十类，以后又缩减为五类。在十要素的基础上，他们建立了SERVQUAL感知质量评价方法。他们对期望的最初定义是"服务应当是什么样的"，之后这个概念经历了多次修正。现在，期望被分为恰当的服务（Adequate）和理想的服务（Desired）两大类。最初，他们认为该模型在感知质量和顾客满意的关系方面非常模糊，但后来，他们认为感知质量与顾客态度紧密相关。1991年，他们重新对感知质量进行了界定，引入了容忍区域的概念，由此，期望与绩效比较被分成了两部分，即感知服务优势度差距（Perceived Service Superiority Gap）和感知服务合格度差距（Perceived Service Adequacy Gap）。这种划分在管理学上的意义是非常重大的，因为它为管理者进行服务质量管理提供了基本的理论依据和方法。

同时，PZB 的研究还将顾客满意和服务质量研究分离开来。按照 PZB 的观点，服务质量与顾客的态度紧密相关，它反映的是随着时间的累积，顾客对服务质量的一种认知，满意则是某一次特定交易的结果。服务绩效与恰当或理想的服务质量比较的结果形成良好的顾客感知服务质量，也决定了顾客的满意度。

在顾客感知服务质量研究过程中，还有几位学者也做出了很大的贡献。这包括美国的鲁斯特（Roland T. Rust）和约翰逊（Michael Johnson）等。

鲁斯特（Rust）的贡献在于他对服务质量与服务效益关系"e 服务"（E-Service）方面的开拓性探讨。在他出版的新著《服务质量收益》（*Quality on Return*）一书中，他明确地提出：第一，质量是一种投资；第二，这种投资必须符合经济法则；第三，有可能会出现质量投资过度行为；第四，并不是所有的质量投资都是"物有所值"的。这些观点对于矫正服务管理中盲目追求服务质量、忽视服务质量与成本关系的现象有着重要的意义；而约翰逊（Michael Johnson）则是在顾客感知服务质量度量方面做出了重大的贡献，他倡导创建的美国消费者满意度指数（ACSI）对于推进累积性顾客满意（Cumulative Satisfaction）的研究起到了非常重要的作用。

综上所述，我们可以将顾客感知服务质量的研究分为三个阶段。

第一阶段（1980—1985 年）：这一阶段属于研究的起步阶段，主要对服务管理和服务质量管理中的一些基本概念进行了界定（如格罗鲁斯于 1982 年提出了顾客感知服务质量的概念），为以后的研究打下了坚实的基础。但这个阶段的研究大多局限于单个概念，所设计的也大多是静态模型，对感知服务质量与其他要素（如顾客满意等）的相关关系研究得很少。

第二阶段（1985—1992 年）：主要是对构成服务质量的要素进行研究，如顾客感知服务质量度量要素的选择，特别是 1991 年 PZB 所提出的恰当服务（Adequate Service）和理想服务（Desired Service）概念，为"容忍区域"概念及其模型的提出奠定了基础。同时，PZB 还提出了服务质量差异模型（Gaps Model），并开始注重对感知服务质量的评价研究，如 SERVQUAL 评价方法的提出。

第三阶段（1992 年至今）：该阶段的研究呈现出明显的深入性、系统性和整合性，而且所设计的模型也向动态化方向发展。例如，李亚德尔（Veronica Liljander）于 1995 年出版的专著《顾客感知服务质量研究中的比较标准》（*Comparison Standards in Perceived Service Quality*）和斯特拉迪维克（Tore Strandvik）推出的《顾客感知服务质量"容忍区域"》（*Tolerance Zones in Perceived Service Quality*）都采用了全新的研究方法，提出了所谓的关系模型（Relationship Model）。他们对顾客感知服务质量、顾客感知价值、顾客满意、顾客忠诚和企业竞争力这些要素之间的关系提出了许多极具价值的观点。

二、顾客感知服务质量概念与构成研究的总结、归纳

根据以上零散的观点，将顾客感知服务质量概念与特性研究方面的观点及进展情况以表 2-1 归纳如下。

表2-1 顾客感知服务质量概念研究归纳

学者(年代)	对顾客感知服务质量的基本观点与看法
利维(Levitt, 1972)	服务质量指服务结果能符合所设定的维度
萨瑟(Sasser, 1978)	服务质量是消费者对于服务的满意程度,实际服务结果与原来服务期望的差异决定服务质量。服务表现可分为三个不同的层面,其中包括材料、设备以及人员。服务质量不仅包括最后的结果,还包括提供服务的方式
罗圣德(Rossander, 1980)	服务业需要一个比制造业更广义的质量概念,服务质量包括:人员绩效质量、设备质量、资料质量、决策质量和结果质量
罗赫巴(Rohrbaugh, 1981)	服务质量由人员质量、过程质量和结果质量三部分组成
丘吉尔和索普里纳特(Churchill & Suprenant, 1982)	服务质量是消费者对服务的满意程度,取决于实际的服务与原来期望的差异
格罗鲁斯(Gronroos, 1982, 1984, 2000)	服务质量是顾客对于服务期望及接受服务后实际的感知,包括技术质量(服务结果)和功能质量(服务过程)两部分,并于2000年提出。良好服务质量的维度有七个,它们分别是:(1)职业作风与技能;(2)态度与行为;(3)服务的易获得性与灵活性;(4)可靠性与信任性;(5)服务补救能力;(6)服务环境组合;(7)声誉与信用。其中:(1)为技术质量,(2)、(3)、(4)、(5)和(6)为功能质量,而(7)则为感知质量"过滤器"
莱蒂宁(Lehtinen, 1982)	服务质量划分为实体质量、互动质量和公司形象质量,包含三个层面的内容:实体质量(如设备或建筑物)、公司质量(公司形象)和互动质量(顾客与公司之间的互动及顾客之间的互动)
加林(Garrin, 1983)	服务质量是一种主观感知的质量,而非客观的评估
塔克乌奇和奎尔奇(Takeuchi & Quelch, 1983)	服务质量应从顾客消费前、消费中和消费后三阶段来衡量服务品质。消费前应考虑的因素包括:公司的品牌名称与形象、过去消费经历、朋友推荐等;消费中考虑的因素包括服务的规格、服务人员的评价、服务的保证、支持方案等;消费后所考虑的因素有使用的便利、抱怨处理、服务的有效性、可靠度等
阿姆斯泰德(Armistead, 1985)	服务质量包含五个方面的内容:组织(服务范围、公司形象等)、人员(服务人员的仪表、服务态度等)、过程(服务的迅捷性等)、设备和商品
PZB(Parasuraman Zeithaml Berry, 1985, 1988)	服务质量是顾客对服务期望与实践服务绩效之间比较的结果,取决于顾客购买前期望、感知的过程质量和感知的结果质量,服务质量是这三者的乘积。顾客从十个方面衡量服务质量:可靠性、响应性、胜任力、接近性、礼貌性、沟通性、信赖性、安全性、了解性和有形性。1988年十个维度被缩减为五个,即有形性、可靠性、响应性、保证性和移情性
马丁(Martin, 1986)	好的服务质量应具有下列五个特性:适用性(服务符合顾客需要)、复制能力(能提供水准一致的服务)、及时性(在最短的时间内完成服务)、最终使用者满意(顾客觉得他们所付出的代价是值得的)和符合既定的规格(有能力维持所制定的服务标准)

续表

学者(年代)	对顾客感知服务质量的基本观点与看法
杉本辰夫(卢渊源译,1987)	服务质量分为：内部质量(顾客看不到的质量)、"硬"质量(服务结果质量)、"软"质量(服务过程质量)、反应速度(服务的时间与迅速性)和心理质量(服务人员的礼貌应对与款待)
海伍德，法默(Haywood-Farmer,1988)	服务质量是有形设备过程和程序(如地理位置、服务场所大小、设备可靠性、流程的控制与弹性、服务的速度等)、服务人员行为与响应性(沟通、态度、衣着、礼貌、处理抱怨和解决问题的能力)及专业性判断(如诊断、革新、信任、识别和知识技能等)三者交互产生的结果
金曼(Kingman,1989)	服务质量具有八个特点：第一，消费者在评估过程中，对服务传递过程的评估可能缺乏明确的标准；第二，消费者同时以服务产出的结果和服务过程的结果来评估服务质量；第三，服务提供者的形象会影响消费者对服务的预期，也会影响消费者对服务结果的评价；第四，虽然服务质量评估困难，但企业仍应掌握可衡量性的标准；第五，服务提供者必须将消费者介入服务生产过程所产生的影响列入服务管理范畴内；第六，试验和检验也可应用于服务的作业管理中，但在运用的技巧或经验上可能不同于有形产品的制造过程；第七，由于消费者介入生产过程所造成的影响，服务结果一旦形成就无法加以修改，有形产品质量管理中的一些统计方法将无法运用于服务质量管理中；第八，由于服务作业系统的产出结果不会产生不良产品或退货情况，所以，服务作业系统的效率衡量与制造业会有所不同
罗森(Rosen,1990)	服务质量由下列要素组成：人员执行服务的质量、设备执行服务的质量、资料数据的质量、决策的质量和服务执行成果的质量
斯凡内维特(Schvaneveldt,Enkawa & Miyakawa,1991)	服务质量依属性可分为绩效(服务的核心功能和其达到的程度)、保证(服务过程中的正确性和响应性)、完整性(服务的多样性和附属服务)、便于使用(服务的可接近性、简单性和使用的便利性)和情绪/情境(顾客在服务功能之外所得到的愉悦和满足感)
比特纳(Bitner,1992)	服务质量是消费者于消费后决定是否再次购买服务的整体态度，且顾客满意对认知服务质量有正向的影响，并提出服务接触中有形环境要素质量问题，即 Serviscape Quality，简称为 Serviscape
鲁斯特和奥利弗(Rust & Oliver,1994)	顾客感知服务质量除技术质量和功能质量外，还应纳入第三个要素，即有形的环境质量
多荷霍卡、桑普和伦茨(Dabholkar, Thorpe & Rentz, 1996)	服务质量包括有形设备、可靠性、人员间的互动、问题解决和政策五项
汪纯孝(1997)	服务质量包括环境质量、技术质量、感情质量、关系质量和沟通质量

学者(年代)	对顾客感知服务质量的基本观点与看法
鲁斯特(Rust, 1999)	提出电子服务(E-Service)概念,并认为在电子化服务中,顾客将从以下几个方面感知服务质量:进入便利性(可以很快地进入网站,寻找到想要接触的公司),保证/信任性(顾客对与公司合作有信心),网上浏览的便捷性、效率(网页简单易懂),安全/隐私(保护个人信息、保证交易安全),网页美观新颖,可靠性(网址技术功能良好、服务承诺、结算和产品信息准确),响应性(对顾客要求和问题的反应速度、解决迅速),服务弹性(顾客浏览、购买、付款和退货方式较多),定制/个性化(按照顾客的偏好和过去的购买特点提供个性化服务)和价格信息准确
贝迪和克罗宁(Brady & Cronin, 2001)	服务质量由结果质量、互动质量和物理环境质量构成
屠东燕(2006)	服务质量由感知质量、提供质量、形象质量、过程质量构成

三、服务质量的基本特性

服务质量概念是逐步发展和完善起来的。尽管学者们对服务质量还有不同的看法,但归纳上面的有关观点,我们可以得出服务质量的以下基本特性。

(一)服务质量是一种主观质量

服务的提供过程是特殊过程,由于输出不能有后续的监视和测量加以验证,所以对特殊过程的控制和确认存在一定的困难。服务质量与有形产品的质量存在着很大的差异,有形产品的质量可以采用许多客观的标准加以度量,如对一辆汽车,其耗油量、时速、刹车性能等即使对于不同的顾客也存在一个客观的标准,这些标准不会因为产品提供者的不同、购买产品的消费者的不同而产生变化;但服务质量却并非如此,不同的顾客可能对同一种服务质量产生不同的感知。例如,服务过程中的可靠性常常被视为一个非常重要的服务质量要素,但不同文化背景的顾客对这个问题的感知却存在着较大的差异。即使是同一个顾客,在不同的时段,可能对质量的要求也会产生变化。

(二)服务质量是一种互动质量

产品质量是在工厂里形成的,在产品没有出厂之前,质量就已经形成了。在整个质量形成过程中,消费者基本上是没有"发言权"的。当然,企业必须根据市场调查的结果,按照消费者的期望来提供产品,但在产品质量形成过程中,顾客的作用是微弱的。而服务质量不同,服务具有生产与消费的同时性,服务质量也是在服务提供者与顾客互动的过程中形成的,如果没有顾客的紧密配合、响应,或者顾客无法清晰地表达服务要求,那么,服务过程就将失败,服务质量将是低下的。正是由于这个原因,有些学者将服务营销称为互动营销。

(三)过程质量在服务质量构成中占据极其重要的地位

正因为服务质量是一种互动质量,所以,服务过程在服务质量形成过程中起着异常重要的作用。过程质量是服务质量构成极其重要的组成部分。当然,我们这种表述并不意味着结果质量不重要,服务结果是顾客购买服务的根本目的所在,如果没有服务结果,或者服务结果很差,那么,再好的服务过程也无法弥补。同样,即使服务结果很好,但服务传递过程很糟,最后形成的顾客感知服务质量也可能是低下的。忽视结果或者忽视过程,在服务质量管理中都是错误的。

(四)对服务质量的度量,无法采用制造业中所采用的方法

在制造业的服务质量度量中,我们可以将视野聚焦在内部效率上,即可以通过检验证明产品与我们事先制定的产品标准是否吻合,如果吻合或者超过标准,则说明质量是合格的或者是优异的。但在服务业中,我们不但要考虑服务质量与服务标准的吻合问题,更重要的是,我们还要衡量质量的外部效率,即对顾客关系质量的影响。也就是说,这种服务质量对服务提供者与顾客建立持久的关系具有什么样的影响作用。明确这一点,对于提高服务质量管理水平,具有非常重要的意义。

第三节 服务质量的维度

服务质量维度也称为服务质量要素,是服务质量评价研究的基础,只有明确了服务质量维度才能进一步细化测评指标,形成服务质量的评价指标体系。

一 服务质量维度研究

顾客感知服务质量维度(Service Quality Dimensions),是指对顾客服务质量期望和感知绩效产生影响的要素。在顾客感知服务质量评价与管理研究中,对这些要素的界定具有十分重要的意义。

由于服务具有不同于有形产品的显著特征,如服务是无形的、服务是不可储存的等,这决定了服务质量不同于实体产品的质量内涵。在20世纪80年代之前,虽然学者们已经意识到服务质量与有形产品的质量存在差异,但却未能对其予以科学的界定。进入20世纪80年代之后,服务质量研究的思路逐渐清晰起来,典型服务质量维度研究有以下内容。

1982年,格罗鲁斯第一次正式提出了"顾客感知服务质量"这一概念,并指出服务质量分为结果质量和过程质量两个要素。前者是指服务交易结束后顾客的所得(及得到的实质内容),后者指顾客是如何接受或者得到服务的,包括服务人员的态度、行为及顾客等待的时间长短等。2000年,格罗鲁斯又对其构成与决定要素进行了详尽的探讨,提出良好服务质量的维度有七个,它们分别是:(1)职业作风与技能;(2)态度与行为;(3)服务的易获得性与灵活性;(4)可靠性与信任性;(5)服务补救能力;(6)服务环境组合;(7)声誉与信用。其中,(1)为技术质量,(2)、(3)、(4)、(5)和(6)为功能质量,而(7)则为感知质量"过滤器",加之美国的PZB研究组合和奥利弗、鲁斯特等许多学者的共同努力,使服务管理与营销学科产生所需要的概念与概念群全部得以科学的界定,并真正将服务质量概念从制造业的质量管理理论中"剥离"出来。

对感知服务质量维度研究最具代表性的工作是由PZB做出的,1985年,PZB认为服务质量的认知是来自于消费者期望与实际服务表现的比较,总结出服务质量的十个被普遍认

可的要素：可靠性、响应性、胜任力、接近性、礼貌性、沟通性、信赖性、安全性、了解性和有形性。后来 PZB 于 1988 年将原来的十个要素进行整合，将服务质量维度归纳为五个：有形性指服务过程中能够被顾客感知的实体部分，包括有形的工具、设备、人员和书面材料等；可靠性指公司准确可靠执行所承诺服务的能力；响应性指企业快速有效地服务顾客的能力；保证性也指安全性，指雇员的知识、态度及能使顾客信任的能力；移情性指服务人员给予顾客的关心和个性化的服务。绝大多数的学者在进行服务质量管理和评价时，采用的基本上都是这五个维度。最典型的如 PZB 创建的 SERVQUAL 方法和克罗宁及泰勒创建的 SERVPERF 方法，采用的都是这五个维度。

在服务质量五个维度的观点提出之前，萨瑟就曾提出过服务质量七维度的观点，分别是：安全（Security）、服务一致性（Consistency）、态度（Attitude）、服务完整性（Completeness）、服务设施状况（Conditions of Facilities）、服务的易获得性（Availability）和员工培训（Training）。而莱蒂宁（Lehtinen J. & Lehtinen U., 1982）则将服务质量维度界定为三个，即互动性（Interactive）、有形性（Physical）和公司质量（Corporate Quality）。

海迪奥和帕特奇克（Hedyall & Paltschik, 1989）对服务质量维度的划分更为简单，只有两个维度，它们分别是愿意和有能力提供服务（Willingness and Ability to Serve），以及有形方面和心理方面的易进入性（Physical and Psychological Access）。

二、进行服务质量维度研究需要注意的问题

研究服务维度问题必须注意以下三个问题。

（一）对于不同的行业来说，服务质量维度有可能是不同的

在度量顾客感知服务质量时，很多学者针对研究对象的特点，在研究过程中采用了不同的质量维度。

（二）对于不同的服务行业，质量维度的重要性可能会存在差异

PZB 在其著名的《提供优质服务：平衡顾客感知与期望》一书中，曾对此做过专门的研究，当时他们对四个行业，通过百分制的形式为服务质量的五个维度进行打分，结果发现：在五个维度中，可靠性是最重要的（32%），其次为响应性（22%），再次为安全性（19%）和移情性（16%），最后为有形性（11%）。但对他们的研究结果是否能推广，还必须打一个问号。高接触度的行业和低接触度的行业，其服务质量维度的重要性肯定是不同的；以设备为主的服务和以人为主的服务，其服务质量维度的重要性也会存在差异，这是毫无疑问的。

不同的顾客，特别是不同文化背景的顾客，对服务质量维度的理解也会存在差异。

三、服务质量维度研究评价

总结以上的研究结果，我们认为，今天学者们对服务质量和质量维度的研究已经日趋深化。这体现在以下方面。

（一）顾客感知服务质量决定要素日趋清晰化和定型化

虽然仍有许多新的观点不断被提出，但从总体上来说，学术界对顾客感知服务质量的

决定要素的内涵和外延已经基本上达成了共识，即使有一些微小的调整，也大多是对原有理论的修补和完善。如 1985 年 PZB 在提出服务质量差距模型时，认为决定服务质量的要素包括十个，即可靠性、响应性、能力、接近顾客、礼貌、交流、可信度、安全性、理解和有形证据。其后，又将这十个要素缩减为五个，从内涵和外延上来看，这种缩减并没有削弱这些指标对顾客感知服务质量的解释能力。2000 年，格罗鲁斯又将 PZB 的五个指标扩展为七个，如果我们对这七个指标进行归类，就可以发现，它们与 PZB 的"五要素论"基本是一致的，"职业作风与技能"、"态度与行为"、"服务的易获得性与灵活性"、"可靠性与信任性"、"服务补救能力"和"声誉与信用"都可以归入到五要素中的前四个要素中去；而"服务环境组合"则可以并入有形性。这种重新划分并没有对原有的构架进行实质性的变革，而只是一种重新组合、排列而已。

（二）全球经济一体化和科技飞速发展对顾客感知服务质量的研究产生了明显的影响

这一点具体体现在许多学者在研究顾客感知服务质量时，逐步意识到科技变革对顾客感知服务质量方式的影响。例如，北美学派的代表人物之一帕拉苏拉曼所提出的 TR（Technology Readiness）概念。他从四个方面，用 36 个指标进行度量，以考察它们对于顾客感知服务质量的影响。另外，学者们对信息技术在顾客服务质量感知过程中的作用也进行了详细的探讨。罗切斯特和道格拉斯（Rochester & Douglass）认为，对 IT 设施在顾客感知服务质量中的作用是 20 世纪 90 年代的难题之一。学者对信息问题的关注一方面来自于科技飞速发展的压力，另一方面也来自企业界对信息在顾客感知服务质量和企业效率方面所起作用的质疑。玛格利达（Maglitta）开展的一项研究表明，超过 81% 的企业认为科技投入的回报很小，对提高顾客感知服务质量所起的作用并不明显。基于此，学者们从 20 世纪 90 年代开始关注这个问题，并取得了一系列的成果，如狄龙和迈克里恩（DeLone & McLean）所创建的度量模型及服务质量维度。

小　结

随着社会经济和科学技术的发展，服务质量的内容还在不断充实、完善和深化。服务质量的内容十分丰富，它分成五个维度：有形性、可靠性、响应性、保证性和移情性。在此基础上我们可以衡量服务质量差距，即顾客期望的服务与感知的服务之间的差距。

本章根据费根堡姆、朱兰等人的观点介绍了"质量"的概念，引入了 ISO 9000 标准中关于"质量"的定义，在此基础上对"质量特性"进行了总结。对"服务质量"这一概念的产生和发展进行了详细的介绍，并对"服务质量"的研究进行了总结，从而归纳出了"服务质量"的基本特性。最后，我们对构成服务质量的五个维度的定义、运用方法以及研究评价方面进行了介绍。

思　考

1. 简述格罗鲁斯的感知服务质量内涵。
2. 简述 PZB 服务质量的维度。
3. 简述服务质量管理的意义。

第三章
顾客感知服务质量模型

　　服务质量模型揭示了不同的学者对于服务质量的理解，如服务质量的内涵、服务质量的决定要素和服务质量的度量方法。本章通过对不同服务质量管理模型的介绍，阐述服务质量是如何被顾客感知的、决定服务质量的要素是什么以及对服务质量进行度量的基本思路，将格罗鲁斯模型、PZB 模型和李亚德尔–斯特拉迪维克关系质量模型进行重点介绍和比较分析，而对其他服务质量模型只做一般性介绍。

第一节　格罗鲁斯顾客感知服务质量模型

一　格罗鲁斯模型的提出

　　格罗鲁斯 1982 年认为感知服务共有三个要素构成，即技术质量、功能质量和企业形象，1984 年他在《欧洲市场营销》杂志上发表了一篇题为"一个服务质量模型及其营销含义"的文章，对自己的观点进行了修正。文中，格罗鲁斯将顾客感知服务质量分解为两个组成部分，即技术质量（What，服务结果）和功能质量（How，服务过程），在此基础上，他推出了自己的顾客感知服务质量模型，如图 3-1 所示。

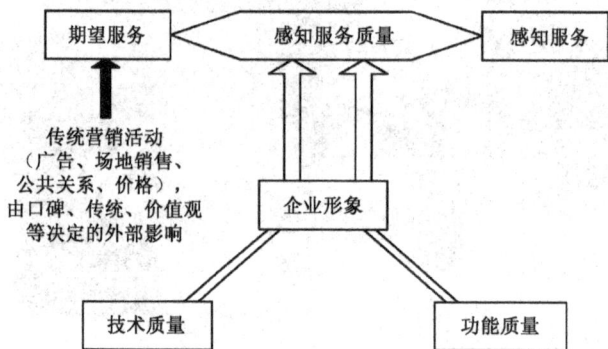

图 3-1　格罗鲁斯顾客感知服务质量模型

资料来源：Christian Gronroos. Service Quality Model and Its Marketing Implications. European Journal of Marketing, (18), 1984：40.

　　按照格罗鲁斯的观点，服务质量的形成过程如下：技术质量是服务过程的产出，即顾客从服务过程所得到的东西，也称为结果质量，顾客容易感知也便于评价。但是技术质量不能概括服务质量的全部，因为服务是无形的，在提供服务的过程中，顾客要与服务人员接触，服务人员的行为、态度、穿着等将直接影响顾客对服务质量的感知。顾客对服务质量的感知不仅包括他们在服务过程中得到的东西，而且还要考虑他们如何得到这些东西，这就是服务质量的功能方面即功能质量，也称为过程质量。功能质量难以被顾客客观地评价，它更多地取决于顾客的客观感受。企业形象在感知服务质量的形成中起到过滤作用。这个模型的重要意义是不言而喻的。在此之前，虽然人们已经认识到服务质量与有形产品

质量之间的区别,但并没有人对服务质量的内涵和构成进行更进一步的研究,而格罗鲁斯的服务质量模型对服务最本质的特征——过程性进行了科学的解释。

二、格罗鲁斯服务质量模型的修正

1988 年,格罗鲁斯对这个模型进行了修正,并将其纳入 1990 年出版的《服务管理与营销》一书中,但修正后的服务质量模型并没有实质性的变化。

2000 年,格罗鲁斯对该模型再次进行了修正。从内容上看,2000 年的模型与 1984 年的模型有了一些新的变化,这主要体现在新的模型中,他对企业形象问题给予了特别的关注,如图 3-2 所示。

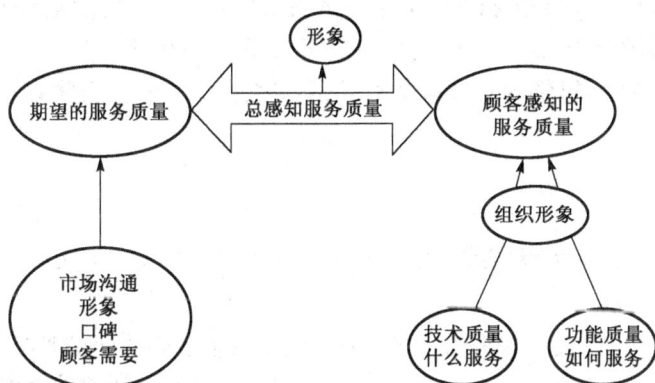

图 3-2 格罗鲁斯顾客感知服务质量模型(修正后)

资料来源:Christian Gronroos. Service Management and Marketing:A Customer Relationship Management Approach. England:John Wiley & Sons, Ltd. , 2000:67.

(一)模型的解释

1.质量的双因素

西方学者普遍认为,顾客感知服务质量包括两个基本方面,即技术质量(又称为结果质量)和功能质量(又称为过程质量)。技术质量是服务的结果,也就是顾客在服务过程结束后得到了什么(What)。由于技术质量涉及的是技术方面的有形内容,故顾客容易感知且评价比较客观。功能质量则指的是企业如何提供服务以及顾客是如何得到服务的(How),涉及服务人员的仪表仪态、服务态度、服务方法、服务程序、服务行为方式等,相比之下更具有无形的特点,因此难以做出客观的评价。在功能质量评价中顾客的主观感受占据主导地位。

2.企业形象的过滤作用

形象是影响人们对企业看法的过滤器。人们会利用这个过滤器来"过滤"企业的技术质量和功能质量。如果企业的形象良好,形象就成为企业的"保护伞"。由于有"保护伞"的作用,即使技术质量或功能质量上出现了小的问题,有时甚至是比较严重的问题,都有可能会被人们所忽略。但是,如果这种问题频频发生,则会破坏企业形象。而倘若企业形象不佳,则这种过滤器就会发挥负面作用,企业任何细微的失误都会给顾客造成很坏的印象,影响顾客对服务质量的感知。

3.期望的构成

期望是顾客感知服务质量的重要组成部分。影响顾客期望的五个主要因素如下。

(1)经验:顾客过去的经验以及与现在所提供服务相关的服务经历。

(2)个人的需要:由于顾客特定的身体、心理、社会特征而产生的个人要求。

(3)口头传播:由于其他群体而不是公司所做的关于服务将会像什么样的陈述。这些陈述既可能来自个人(例如亲戚、朋友等),也可能来自专家(例如消费报告、专家推荐等)。

(4)服务承诺:包括明确的服务承诺和暗示的服务承诺两种。明确的服务承诺指企业对提供给顾客的服务所做的陈述(例如广告、人员推销等);暗示的服务承诺是指与服务有关的暗示,而不是明确的许诺(例如价格、与服务相联系的有形物等)。

(5)竞争状况:指所提供的同类服务产品的市场上竞争者数目的多少,以及竞争的激烈程度。

(二)模型对管理的启示

理论研究的目的在于指导实践,为了更便于企业实际操作,本文给出了服务质量概念模型理论的六大管理启示。

(1)服务质量完全取决于顾客的感知,因此企业在制定有关标准时必须进行市场调查,按照顾客对质量的理解而不是根据管理者或标准制定者对质量的理解去制定标准。

(2)服务质量是技术质量和功能质量的统一,但二者的作用并不相同,技术质量和功能质量类似于赫茨伯格双因素理论中的"保健因素"和"促进因素",技术质量对于特定的服务来说是必备的,但是有时候该质量的改进并无助于顾客感知质量的提高,因此企业可以将它视为"保健因素"管理,而由于功能质量的改进与顾客可感知服务质量存在着正相关的关系,因此可将其视为"促进因素"去管理。

(3)技术质量是形成良好服务质量感知的入门资格,优异的过程质量才是企业创造差异和持久竞争优势的真正推动力。由于服务创新不能通过专利来保护,一种新的技术一旦问世,很快就会被模仿,因此在服务业建立技术优势比制造业更难;而通过以往对顾客的研究得知,只要服务的技术质量达到了顾客可接受的水平,则顾客就不会对此给予过多的关注。因此,企业应把建立竞争优势定位于服务的功能质量而不是技术质量方面。

(4)鉴于形象对顾客感知服务质量的作用,企业管理者应该重视形象的管理。企业管理者需谨记形象改善计划应该建立在现实的基础上,与现实不符的广告活动只会产生不可能实现的预期,如果预期提高而现实却没有改变,则会对人们的感知服务质量产生负面影响,从而破坏企业的形象。

(5)由于顾客感知服务质量等于体验质量减去预期质量,因此企业既不能将顾客头脑中的预期质量培养得过高,也不能培养得过低。预期过高,企业难以满足顾客期望则会使顾客不满意;预期过低,又难以吸引顾客前来光顾企业,造成生意清淡。进一步推论,企业实施任何提高质量的方案,不仅要求直接参与这一方案的人员积极努力,还要求负责市场营销和信息传播的人员积极配合，才能有效地提高顾客将要形成的对企业产品或服务的感知质量。

（6）通过管理期望来提高顾客感知服务质量。管理者不仅应当认真研究影响顾客期望的因素，而且还应当了解顾客期望的内生机制和期望的动态性。

三、模型的评价

格罗鲁斯顾客感知服务质量划分的理论依据最早来自于斯旺（J. E. Swan）和康姆斯（L. J. Combs）。斯旺和康姆斯在研究有形产品时，提出了将产品划分为"机械绩效"（Instrumental Performance）和"表达绩效"（Expressive Performance）的观点。其中，"机械绩效"是指产品的技术方面的质量（"Technical"Dimension of the Product），而"表达绩效"则是绩效的心理层面（"Psycholoeical"Level of Performance of the Product）。在两人研究的基础上，格罗鲁斯对服务质量的构成进行了新的划分，这种划分是具有革命性意义的。格罗鲁斯顾客感知服务质量模型是最早建立起来的，也是最具权威性的模型之一。技术质量和功能质量的划分，期望质量与感知质量的差异比较，这些都为后来学者们对顾客感知服务质量的研究奠定了基础。但格罗鲁斯的模型忽略了几个对顾客服务质量感知起到重要影响作用的变量，如价格，也没有对顾客感知服务质量与顾客满意、顾客忠诚之间的关系进行进一步的探讨。

更为重要的是，格罗鲁斯并没有对模型中所涉及的变量进行深入的研究和界定。例如在其模型中，顾客的服务期望是一个极为重要的指标，但在1984年的模型中，格罗鲁斯对服务期望（Expected Service）的含义并没有做出任何说明，而只是阐述了影响顾客服务期望的因素，如服务经历、口碑和个人的价值观等。这就使得这个模型的应用受到了极大的限制，因为服务管理者不知道期望到底是顾客接受服务前的一种预期服务，还是顾客认为服务提供者应当提供什么样的服务。

但作为产生最早的服务质量模型，格罗鲁斯对后来的学者们在这个领域的研究的影响是深远的，包括后来在服务管理领域成为另一学派代表人物的PZB等，都从格罗鲁斯的服务管理模型中借鉴了许多有益的成分。

第二节　PZB服务质量差距模型

一、PZB服务质量差距模型的产生

在格罗鲁斯的服务质量模型基础上，PZB 1985年设计开发了著名的服务质量差距分析模型（Gap Analysis Model），用来分析服务质量的形成过程。如图3-3所示，差距分析模型从差距的角度来理解服务质量的形成，认为服务质量是期望的服务和感知的服务之间的差距，这个差距是由服务过程中的4个差距累计而成的。将顾客的服务感知与服务期望的差距定义为差距5，它取决于与服务传递过程相关的其他4个差距的大小和方向，企业应致力

于消除这4个差距，以缩小差距5，提高服务质量。通过这个模型可以分析质量问题的起源，从而协助企业管理者采取措施改善服务。

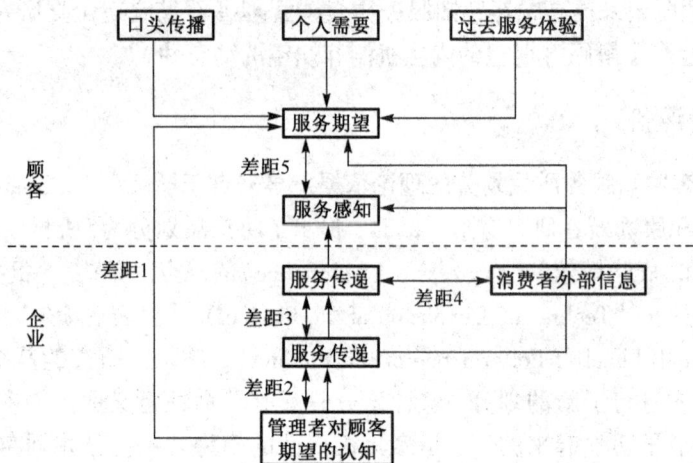

图 3-3　PZB 服务质量差距分析模型

资料来源：A. Parasuramn，Valarie A. Zeithaml，Leonard L. Berry. A Conceptual Model of Service Quality and Its Implication for Future Research. Journal of Marketing，Vol. 49（Fall），1985：44.

（一）模型解释

（1）差距1——服务期望与管理者对顾客期望的认知之间的差距。

差距1指顾客对服务的期望同管理者对顾客期望的认知之间的差距。最直接也最明显的差距往往是顾客想要得到的服务和管理人员认为顾客希望得到的服务两者之间的差异。导致这一差距的原因是管理者对顾客如何形成他们的期望缺乏了解。顾客期望的形成受到市场宣传、服务经历、个人需要和口碑的影响。

（2）差距2——服务质量规范差距。

差距2指管理人员对顾客期望的认知同企业制定的服务质量标准之间的差距。即使管理人员已经准确理解了顾客的需求，有时也不能将其融入到制定的服务质量标准中。

（3）差距3——服务传送差距指服务质量标准同企业实际所提供的服务之间的差距。存在这一差距意味着企业向顾客提供的服务未能达到企业制定的服务标准。

（4）差距4——市场信息传播差距。

差距4指企业进行外部市场沟通时承诺的服务同企业所提供的实际服务之间的差距，即承诺兑现差距。

（5）差距5——感知服务质量即格罗鲁斯提出的顾客对服务的期望与顾客对服务的感知之间的差距。

这一差距实质上是前四个质量差距之和。

模型的上半部分与顾客有关，下半部分与服务提供者有关。顾客对服务质量的期望是口碑沟通、个人需要和以前的服务体验等几方面因素共同作用的结果，同时还受到企业与顾客外部沟通时所做的营销宣传的影响。顾客实际感知的服务就是顾客对服务的体验，它是服务组织一系列内部决策和活动的结果。管理者对顾客预期服务的感知决定了企业所制定的服务质量标准;一线员工按照服务标准向顾客交付服务;顾客则根据自身的体验来感知服务的生产和传递过程。该模型还指出,营销传播对顾客的感知服务和预期服务都会产生影响。

该模型向希望改进服务质量的管理人员传递了一个清晰的信息:弥合顾客差距的关键在于弥合差距1~4,并使其持续处于弥合状态。由于差距1~4中是一个或多个差距的存在,顾客感知的服务质量会有缺失。服务质量差距模型,可以作为服务组织试图改进服务质量和服务营销的基础框架。

(二)服务质量差距管理

顾客体验到服务的这种生产和提供过程,并感觉到服务的技术质量和功能质量,于是就会将这种体验和感觉与自己心目中的预期质量相比较,并在比较的过程中,受到企业形象的调节作用,最终形成自己对服务质量的整体感觉和认识,这就是顾客感觉到的服务质量。以下具体讨论服务质量的五种差距。

1. *管理层认识差距(差距1)*

管理层认识差距是指服务企业管理层错误地理解了顾客对服务质量的预期。这种差距是由下列因素引起的:

(1)管理层从市场调研和需求分析中得到的信息不准确;

(2)管理层从市场调研和需求中得到的信息准确,但理解不正确;

(3)服务企业对顾客的需求缺乏正确分析;

(4)企业与顾客接触的一线员工向上传递给管理层的信息不准确或没有信息传递;

(5)服务企业内部机构重叠,组织层次过多,影响或歪曲了与顾客直接接触的一线员工向管理层的信息传递。

以上五种因素可以综合为市场调查、向上沟通和管理层次三个方面。服务企业要减少管理层认识差距,只有根据形成该差距的原因对症下药,才能彻底消除由于管理层认识差距而导致的服务质量低下。服务企业需要改进市场调查方法,在调查中侧重服务质量问题,并要求高层管理者克服客观上的限制,抽出时间亲临服务现场,通过观察与交流,了解顾客需求,或通过电话、信函定期与顾客联系,就可以更好地理解顾客。服务组织还必须采取必要的措施,改进和完善管理层和一线员工之间的信息沟通渠道,减少管理层次,以缩小认识差距。

2. *服务质量规范的差距(差距2)*

服务质量规范的差距是指服务企业制定的服务质量规范与管理层对顾客的质量预期的认识不一致。产生这种差距的原因有以下因素:

(1)企业对服务质量规划管理不善或规划过程不完善;

(2)管理层对企业的规划管理不善;

(3)服务企业缺乏清晰的目标;

(4)最高管理层对服务质量的规划缺乏支持力度;

(5)企业对员工承担的任务的标准化不够;

（6）对顾客期望的可行性认识不足。

服务质量规范的差距是由管理层认识差距决定的。管理层的认识差距越大，按这种认识对服务质量进行规划的偏差也就越大。不过，即使服务企业对顾客的质量预期有着充分而准确的信息，也会造成质量标准规划失误。这是由于企业的最高管理层对服务质量认识不够、重视不够，也就没有真正承担对服务质量的义务，没有把服务质量看成是企业优于一切的目标。确立服务目标，可以使提供服务的员工真正理解管理者希望传递的服务是什么。因此，服务目标必须具有可接受性、可衡量性、挑战性和全面性，包含具体的各项服务质量的标准或规范，从而缩小服务质量规范的差距。服务企业的一线员工也应该认识到，自己有责任严格按照服务规范操作。同样，制定服务规范的人员应当清楚，没有充分听取一线员工的意见，制定的服务规范也必定是不完善的。关于规范，没有具体操作人员的配合和严格执行，这样的规范形同虚设。同时，还要注意，服务规范太具体、太细致，也会制约一线员工的主观能动性，从而影响服务质量。服务规范既要得到企业的管理者、规划者的认同，又要得到服务的生产者和提供者的认同，服务规范还必须有一定的柔性，不能制约员工的灵活性，这样制定的服务规范才可以尽可能地减少差距对服务质量的影响。

3. 服务传送的差距（差距3）

服务传送的差距是指服务在生产和供给过程中表现出的质量水平，未达到服务企业制定的服务规范。造成这种差距主要有如下因素：

（1）质量规范或标准制定得过于复杂或太具体；

（2）一线员工不认同这些具体的质量标准，或严格按照规范执行，员工可能会觉得改变自己的习惯行为；

（3）新的质量规范或标准与服务企业的现行企业文化如企业的价值观、规章制度和习惯做法不一致；

（4）服务的生产和供给过程管理不完善；

（5）新的服务规范或标准在企业内部宣传、引导和讨论等不充分，使职工对规范的认识不一致，即内部市场营销不完备；

（6）企业的技术设备和管理体制不利于一线员工按服务规范或标准来操作；

（7）员工的能力欠缺，无法胜任按服务质量规范提供服务；

（8）企业的监督控制系统不科学，对员工依据其服务表现而非服务数量进行评价的程度不足；

（9）一线员工与顾客和上级管理层之间缺乏协作。

引起服务传送差距的原因较多，纠正的方法也相应不同。综合以上各种因素大致可以归纳为三类：管理与监督的失误、技术和营运系统缺乏支持、员工对规范或标准的认识失误以及对顾客的期望与需求的认识不足。

在诸多原因中，管理和监督方面的问题可能很多，如管理者的方法不能鼓励优质服务行为，或者企业的监督机制与重视服务质量的活动发生冲突，甚至与服务规范自相矛盾。在服务企业中，如果服务规范或标准的制定过程与企业职工的奖惩机制相互脱节，就可能会导致较大的服务传送差距。企业中的控制和奖惩机制一般具体体现了企业文化，表明了企业管理层的态度。如果对这些问题的认识发生混乱，企业的正常生产秩序将被打乱，也就不能贯彻执行质量规范或标准。当质量标准对服务的要求与现有的控制可建立系统发生冲突时，企业的一线员工作为服务的提供者，当顾客提出合情合理的要求，服务人员也有能力予以满足时，却由于违背了企业制定的服务质量规范或标准而使员工感到非常为难。如果这种情况发生频繁，而服务企业又不能及时修正服务质量标准或规范，则不仅会赶跑顾客，还会伤害企业员工为顾客提供良好服务的动机。

要解决这方面的问题，既要改变营运系统，使其与质量规范或标准一致；又要加强员工培训，使员工认识到他们的权限，即在企业允许的范围内提倡独立思考、自主判断，提供顾客服务的最大灵活性。

引起服务传送差距的原因也可能是由于服务企业的技术设备和经营体制不支持企业提供优质服务。所谓技术设备是指企业的硬件设施，即设施、设备；而经营体制则是指企业的软件环境，即企业的营运系统，包括企业的内部机构设置、职责及职能的分工、规章制度等。企业的技术设备不支持企业提供优质服务，是指企业的设备达不到服务质量规范或标准的要求。企业的经营体制不能支持企业提供优质服务，可能是企业之间分工不明或各职能部门缺乏有效的衔接，以致发生矛盾和冲突，也可能是由于质量规范或标准难以执行。解决这类问题，需要在技术上进行更新和对营运体系进行适当变革，支持质量标准的正确执行；或者加强对员工的培训和内部营销管理，达到缩小服务传送差距的目的。

造成服务传送差距还可能是由于员工无法胜任。一方面，可能是企业人事制度有一定的缺陷性，把不具备生产和提供优质服务的专业技能和工作态度的员工安排到服务企业的第一线，即使这些员工有其他方面的长处和优势。这需要改革现有的人事制度，并对现有人员进行适当调整。另一方面，可能是员工没有正确对待服务工作，不把解决顾客的实际问题作为自己的工作职责。解决这方面的问题只有制定严格的操作规程和服务项目内容细则，同时加强对员工的培训，尽可能提高企业内部运作效率，使顾客得到满意的服务。

4. 市场信息传播的差距（差距4）

市场信息传播的差距是指企业在市场传播中关于服务质量的信息与企业实际提供的服务质量不相一致的程度。造成这种差距的原因有以下因素：

（1）企业的市场营销规划与营运系统之间未能有效地协调；

（2）企业向市场和顾客传播信息与实际提供的服务活动之间缺乏协调；

（3）企业向市场和顾客传播了自己的质量标准，但在实际提供服务时，企业未能按标准进行；

（4）企业在宣传时夸大了服务质量，顾客实际体验的服务与宣传的质量有一定的距离。

对造成市场信息传播差距的原因可能是由于服务提供方的信息传播和企业经营管理体系之间缺乏充分和有效的协调，也可能是由于企业在做广告和其他市场传播中过于夸大其词或过分承诺。

为了解决第一种原因，需要在服务企业内部建立一套有效的机制，加强服务企业内部的水平沟通，即在企业内部、部门内部和部门之间加强横向信息流动，使部门之间、人员之间相互协作，实现企业的既定目标。只有企业内部的水平沟通得以畅通，才能提供顾客满意接受的服务质量，也利于顾客形成合理的质量预期。对于第二种原因，即在市场信息传播中进行计划管理和实施严格监督，选择思维稳健的人来管理广告策划，不盲目向市场和顾客承诺。同时，企业的管理层要负责监督信息传播，发现不适当的信息传播要及时纠正，减少负面影响。

5. 服务质量感知差距(差距5)

服务质量感知差距是指顾客体验和感觉到的服务质量与自己对服务质量的预期不一致，多数情况是顾客体验和感觉的服务质量较预期的服务质量差。服务质量感知差距会导致以下结果：

(1)顾客认为体验和感觉的服务质量太差，比不上预期的服务质量，因此，对企业提供的服务持否定态度；

(2)顾客将自身的体验和感觉向亲朋好友等诉说，使服务具有较差的口碑；

(3)顾客的负面口头传播破坏企业形象并损害企业声誉；

(4)服务企业将失去老顾客并对潜在的顾客失去吸引力。

当然，与此相反，顾客质量感知的差距也可能对企业有正面影响，使顾客感觉到他们消费了优质服务，不仅留住了老顾客，还吸引了潜在顾客来消费。

差距分析模型能够引导我们分析并找出服务质量问题的症结所在，同时发现合适的方法去缩小差距。正像一些西方学者总结的那样："差距分析师判定服务活动中厂商与顾客之间不协调性的一种直接和合适的途径。分析这些情况是制定使预期与实际相一致的战略战术的一种逻辑基础，这样可以提高顾客的满足感和正面质量评价的合理性。"

二、PZB 服务质量模型的修正

1993 年，PZB 对这个模型进行了修正，修正后的感知服务质量模型与1985 年的模型相比，有了很大的变化，如图3-4 所示。这集中体现在容忍区域被纳入模型中，而且期望的概念也被分解和细化了。从图3-4 我们可以看出，PZB 对服务质量模型的开发无论从所包含的内容上，还是从研究的深度上来说，都远远超过了前面所提到的学者。

从图 3-4 我们还可以得出 PZB 的几个研究结论如下。

第一，顾客服务期望可以分解为理想服务(Desired Service)和适当服务(Adequate Service)两部分。理想服务和适当服务之间的差异就是顾客的容忍区域(Zone of Tolerance)。

第二，在顾客期望影响要素中，有些是企业的可控因素，有些则是不可控因素。前者如服务承诺，不管是明确的，还是隐性的，企业都可以在经营的过程中加以控制；而后者如随机因素(Situational Factors)、天气情况、自然灾害等，企业都无法控制。按照我们前面的分类，第一类要素，与顾客个人相关的长期因素，即持久性的服务质量强化因素(Enduring Service Intensifiers)，包括引致期望(Derived Service)和个人服务理念(Personal Service Philosophies)等是不可控的；第二类要素，与个人相关的短期因素，即临时性服务强化因素(Transitory Service Intensifiers)、感知服务选择(Perceived Service Alternatives)、服务角色个人认知(Self-perceived Service)和随机因素(Situational Factors)等也是不可控的；第三类要素，即市场要素中，有些是可控的，如承诺，另一些则是不可控的，如口碑；至于第四类要素，则受到市场沟通要素和过去服务经历的影响，也应当列入不可控要素的范畴。

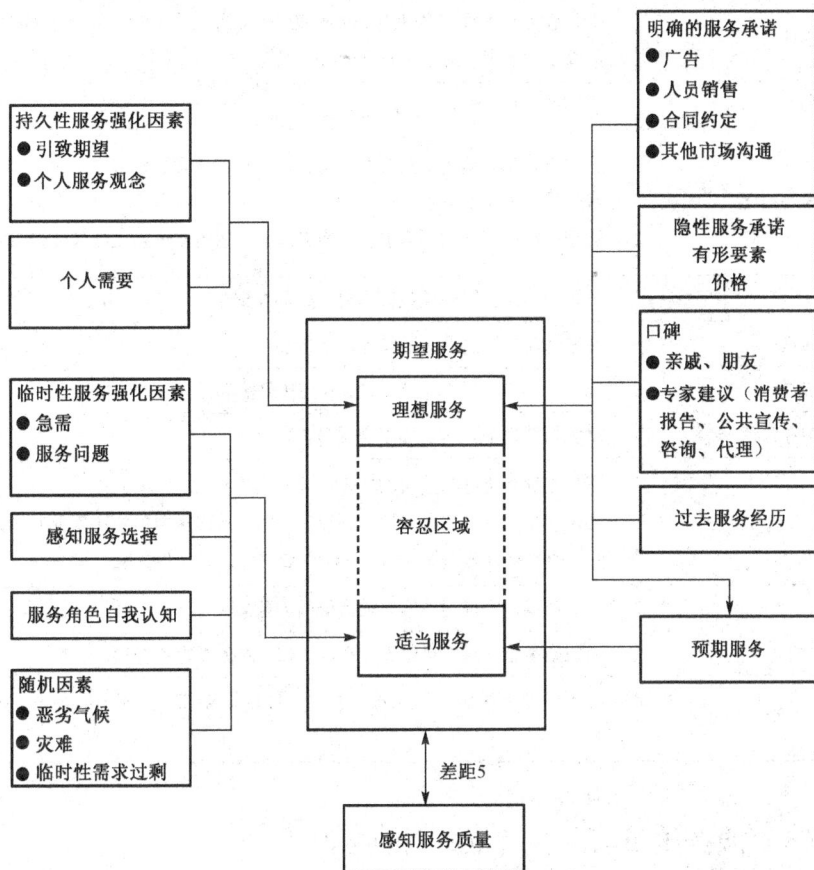

图 3-4　PZB 顾客感知服务质量模型

资料来源：Valarie A. Zeithaml，Leonard L. Berry and A. Parasuraman. The Nature and Determinant of Customer，Expectations of Service. Journal of the Academy of Marketing Science，Vol. 21，1993：1-12.

从上面的分析中我们知道，在服务期望管理和服务质量管理过程中，企业可以控制的要素很少，但这并不是说，企业无法对这些要素施加影响。至于如何对顾客期望进行有效的管理，我们通过表3-1来加以解答。

表3-1　服务营销人员影响因素的方式

可控因素	可能的影响策略
明确的服务承诺	做出现实和准确的承诺，而不是以理想服务的形式来反映实际传递的服务 向接待人员询问关于广告和个人的销售中所做出承诺的逐步反馈 避免加入与竞争对手的价格或广告战，因为这些战争把中心从顾客身上转移开来，并提高承诺，使其超过了所能达到的服务水平 通过保证使服务承诺正式化，将公司员工集中在承诺上，并就承诺未被履行的次数提供反馈

可控因素	可能的影响策略
隐性服务承诺	确保服务有形性能准确地反映所能提供服务的类型和水平,公司确保对重要顾客的高水平服务,确保服务价格的合理性
不可控因素	可能的影响策略
持久性要素的强化	运用市场研究确定引致服务期望及其需求的来源,集中广告和营销策略宣传服务满足重要需求的方法 运用市场研究描述顾客的个人服务理念,运用该信息设计和传递服务
个人需要	培训顾客有关服务满足其需求方式的知识
临时强化因素	在高峰期或紧急情况下增加服务传递
感知服务选择	充分了解服务提供的竞争性,并且在可能和适当之处与之竞争
自我感知服务角色	培训顾客理解其角色和怎样做得更好
口碑	通过领导者推荐和建议的广告形式来模仿口碑 确定对服务有影响和看法的领导者,并将营销努力集中在其身上 对现有顾客运用激励手段,使其表达对服务的积极言论
服务经历	通过市场研究描述顾客以前类似的体验
环境因素	用服务承诺向顾客确保不管环境如何,服务能得到补偿
服务预期	告诉顾客何时服务提供水平会比一般的期望高,从而不会过高预测未来服务接触

三、PZB 对服务质量与顾客满意关系的探讨

PZB 还对原来他们所创建的差距模型(Gaps Model)进行了创新。原来差距模型中的差距5(Gap5)被分解成两部分:理想服务与感知绩效的比较,形成差距 5A,称之为感知服务优异差距(Perceived Service Superiority Gap);适当服务与感知质量比较,形成差距 5B,称之为感知服务适当差距(Perceived Service Adequacy Gap)。差距 5A 越小,表明服务质量优异程度就越高;而差距 5B 越小,则表明服务质量适当程度就越高。由此,企业原来在管理中所面临的缩小差距 5 的工作也被分解成两部分,既要关注企业服务的优异程度,还要考虑顾客对最低服务水平的承受能力。我们可以用图 3-5 来表示这种关系。

在模型中,PZB 将感知质量与顾客满意的区别归结为不同比较方法而形成的结果。如感知服务质量与理想的和适当服务质量相比,分别形成了顾客的理想的感知服务和适当的感知服务质量,而顾客满意则是感知服务质量与预期服务质量相比较的结果。顾客满意只是通过对预期服务的影响,进而间接地影响适当服务,从而对感知服务质量适当差距产生影响。

1994 年,PZB 再次对这个模型进行了修正,以试图说明顾客感知服务质量与顾客满意之间的关系,而且还力图从理论上阐述清楚这些概念之间的内在联系。狄斯(Teas,1993)

认为"服务质量和顾客满意都可以从一次交易和总体满意两个角度来度量"。为了验证狄斯的观点，也为了进一步说明两者之间的关系，PZB 又推出了新的顾客满意与服务质量关系模型，如图3-6 所示。

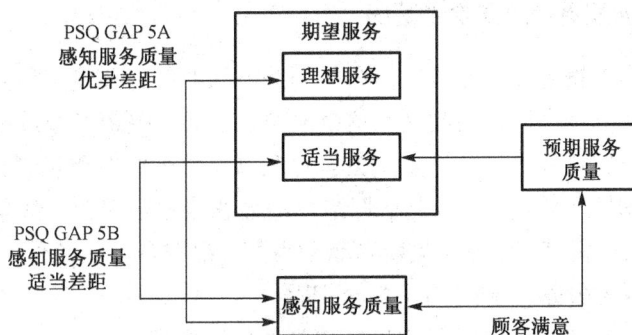

图 3-5　PZB 顾客感知服务质量与顾客满意关系模型

资料来源：Zeithaml, V., L. Berry and A. Parasuraman. The Nature and Determinants of Customer Expectations of Service. Journal of the Academy of Marketing Science, Vol.21, Nutuber1, 1993：8-9.

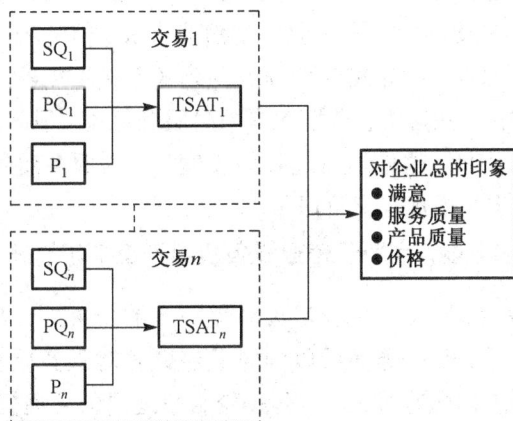

图 3-6　顾客满意与顾客感知服务质量关系示意图

资料来源：Reassessment of Expectation as a Comparison Standard in Measuring Service Quality：Implications for Future Research. Journal of Marketing, Vol.58(January), 1994：121-122.

在图3-6 中，SQ 为感知服务质量(Perceived Service Quality)；PQ 为服务中有形部分，即产品质量(Product Quality)，尽管产品有时也可以用来表示服务，但在这个模型中，产品(Product)一词具有限定性的含义，它只是指有形产品，而不是服务；P 为价格；TSAT 为交易满意(Transaction Satisfaction)，它是顾客所经历的一次完整的服务(An Entire Service Episode)，如到一家理发店理发或者是到酒店住宿。这个模型与前一个模型的区别在于：第一，它第一次将价格包容进来；第二，不管是感知质量还是顾客满意，都可以利用一次性交易或者从总体上进行衡量；第三，感知质量、产品质量和价格对顾客满意形成影响。这三个要素决定了顾客满意程度。

四、对 PZB 感知服务质量模型的几点认识

PZB 感知服务质量模型为我们解决了一系列的问题。

(一)为企业服务质量管理奠定了基础

差距模型的提出使得企业明晰了如何和从哪些方面对服务质量进行监控和管理，许多学者后来的服务管理基本理论都是建立在这个框架之上的。差距模型成为服务管理学界研究引用频率最高的研究成果之一。许多知名学者在顾客感知服务质量理论研究中，可能会忽略格鲁斯的感知服务质量基本框架，但绝对不会忽略差距模型。如我们前面已经多次提及的一些学者，洛夫洛克、菲兹西蒙斯和菲斯克等，都在自己的著作中引用了 PZB 的差距模型，或者将其视为服务质量管理的基本流程。

(二)"容忍区域"理论的提出，提高了该模型的实际应用价值

服务企业在与顾客进行沟通时，必须了解顾客，而且一定要使用顾客自己的语言。我们认为，中国服务企业服务质量之所以低下，可能最大的问题是存在差距 3 和差距 4。例如，在银行业就存在承诺过度的问题，最典型的就是限时服务问题。中国的银行缺乏有效的手段来解决服务供求不平衡问题。限时服务当然非常好，但从中国银行业硬件和员工素质以及中国顾客生活节奏来看，除非在深圳等极少数城市有此必要，在其他城市实无必要。国外的许多银行，包括德国、法国等，未发现有限时服务之说，但服务氛围、服务环境和服务态度却绝对是一流的。因此，这应当引起我们思索：提高服务质量绝对不像有些企业想象的那样，喊几句口号、定几个规定就可以了。

(三)PZB 对差距 5 的分解，有助于企业服务质量管理工作的开展

我们在前面已经论及这个问题，企业通过对差距 5 的分解，一方面将服务质量管理工作建立在服务优势的基础上，另一方面可以同时关注顾客对服务质量容忍程度问题，首先保证顾客满意，然后再努力使顾客愉悦，这是一个合乎逻辑的管理模式。

(四)PZB 对服务质量与顾客满意研究尚不够完善

PZB 在处理服务质量与顾客满意问题上有一些问题没有明确，即在多次的交易中，哪一次的交易更为重要？每一次交易对企业总的印象的形成起到一种什么样的作用？如果某次特定的交易对顾客特别重要，那么，它将对顾客对企业总体印象的形成起到什么样的作用？等等。

事实上，顾客对企业总的印象的形成并不是各次服务交易的简单累积。各次交易对总体顾客感知服务质量和顾客满意乃至未来顾客购买倾向的影响是不同的。

从图 3-7 我们可以看出，顾客服务接触的类型是不同的，顾客 A 属于低频率、高绩效型，而且每次服务接触的感知服务质量水平差异很小；顾客 B 属于高频率、绩效差异大型；顾客 C 属于低频率、绩效差异大型；顾客 D 属于高频率、绩效差异大型。但四位顾客最后的感知服务质量是一致的。

由此，我们可以假定，在其他条件不变的情况下，顾客感知服务质量水平 CPSQ =

$f(0,1,F_n)$，即顾客对企业总的感知服务质量受以前服务接触(0)、现在服务接触(1)和服务接触频率(F_n)的影响。从比较的视角来看，现在服务接触对顾客总的感知服务质量的影响比以前的要大(如顾客 A)，而顾客接受服务的次数越多，与企业所建立的关系时间越长，那么，顾客对总的服务质量的评价就会越趋于客观，而且承受服务失误的能力就越强(如顾客 B)。当顾客接受服务次数很少时，那么，顾客可能会对仅有的几次服务接触感知质量进行平均，从而得出总的感知服务质量(如顾客 C)。

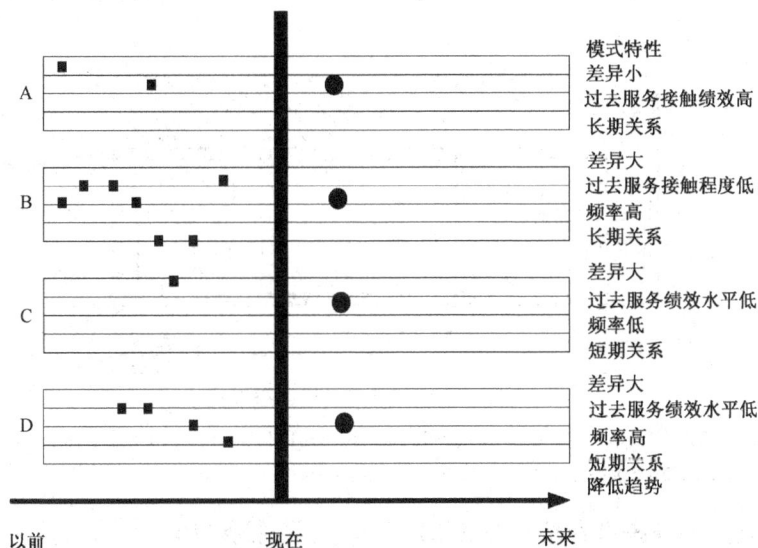

在图中，■号为服务接触，●为顾客与企业的关系，横轴为时间

图 3-7　顾客服务接触与感知质量、企业关系示意图

资料来源：根据 Veronica Liljander. Comparison Standards in Perceived Service Quality. Helsingfors, 1996：30，figure9 改编而成。

另外，历次服务接触的重要性对于顾客来说，可能是不同的，由此，它们对于顾客总的感知服务质量的形成所起的作用可能会有所差异。例如，一个顾客带着非常重要的客户或者朋友去一家饭店就餐和一个人独自到饭店就餐相比较，其期望和容忍区域肯定会存在差异，所以，对绩效的评价也是不同的，由此而得出的总的顾客感知质量水平将会存在较大的差异。当然这些结论需要进一步的实证分析来加以验证。

第三节　其他服务质量模型

一、李亚德尔和斯特拉迪维克关系质量模型

关系质量模型(Relationship Model)由李亚德尔(Veronica Liljander)和斯特拉迪维克(Tore Strandvik)于 1995 年提出。他们将顾客对服务质量的感知分成了两部分：情节感知

（Customers' Perceptions Episode）和关系感知（Perceptions of A Service Relationship）。这种分类无疑使得顾客感知服务质量的研究向前迈了一大步。

（一）李亚德尔和斯特拉迪维克关系质量模型中基本概念的界定

在建立关系质量模型之前，两人首先借鉴玛丽娅·霍尔姆拉恩德（Maria Holmlund）创建的连续性互动关系的基本理论框架对服务过程的分解，将服务过程分为活动（Act）、情节（Episodes）、片段（Sequences），它们共同构成了关系（Relationships）。我们可以用图3-8来表示三者之间的关系。

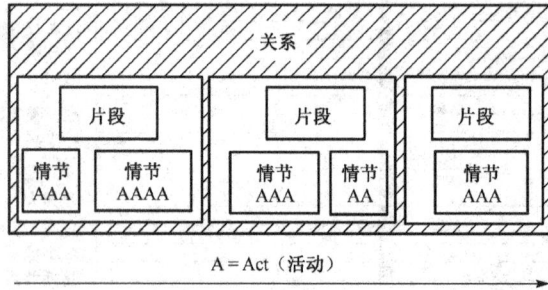

图3-8 关系分析模型：关系中交互层次

资料来源：Holmlund M., Perceived Quality in Business Relationships. Helsinki/Helsingfors：
Hanken Swedish School of Economics. Finland/CERS. 96.

活动是顾客与服务提供者相互关系的最小单位，在服务管理中也称为服务的关键时刻（亦译为真诚时刻，Moments of Truth），它与任何的交互要素相关，如有形产品、服务、信息、财务或者其他社会接触。

情节由一系列活动所组成（服务管理中常称其为服务接触）；而片段则可以是一个时间段、一个产品组合、一个项目或这些要素的组合。对片段的分析可能包含一个特定的项目在一年中甚至更长时间段内的各种交互行为。

我们以酒店业为例。一个顾客入住酒店是以在前台的入住登记为一个活动的，而入住酒店后到餐厅就餐则是一个情节，同时，这位顾客入住一家酒店后的所有行为都包括在片段之内，如住宿、就餐、在酒店的泳池中游泳等情节。这些服务情节可能互相包容，一个服务情节可能同时也是其他服务情节的一部分。

若干个服务片段就构成了一种关系。情节也许会逐次发生，也许是相互包容，也许是相隔很长一段时间下一个情节才开始产生，这主要取决于服务类型的特征是间断型的还是连续型的。这种对服务的分层方法为服务企业提供了对企业与顾客关系逐层进行质量分析和控制的工具。服务交互过程中的不同要素，如产品、服务结果、服务过程、信息、社会接触和财务活动，都可以在这些层次上加以分析并按照服务战略观加以整合，使其向着有利于企业与顾客建立长期关系的方向发展。

（二）李亚德尔和斯特拉迪维克关系质量模型特性分析

1. 李亚德尔和斯特拉迪维克关系质量模型内涵特性分析

从图3-9我们可以看出，李亚德尔和斯特拉迪维克关系质量模型将服务质量分解成两部分，即情节质量和关系质量。在该模型中，作者进行的是比较标准和绩效的比较。实际上，这和前面 PZB、格罗鲁斯模型中比较的方式并没有发生变化，不过采用了不同的名词。比较标准相当于顾客的期望，而绩效则是顾客质量感知。但在这个模型中加入了新的变量——顾客感知价值，它是顾客感知质量与顾客感知付出比较后得到的结果。如果感知质量超过感知付出，顾客认为服务的感知价值较大，反之则较小，而决定顾客满意的要素不再是顾客感知服务质量，而是顾客感知价值。情节价值通过形象的过滤作用，对关系价值产生影响，并最终与约束一起决定顾客行为意向，即忠诚现在的企业或者是转换服务提供者。

在文中，两人所用"比较标准"一词为 Comparative Standards，其含义非常广泛，它可能是理想的期望标准，也有可能是适当服务标准，这是我们需要注意的。

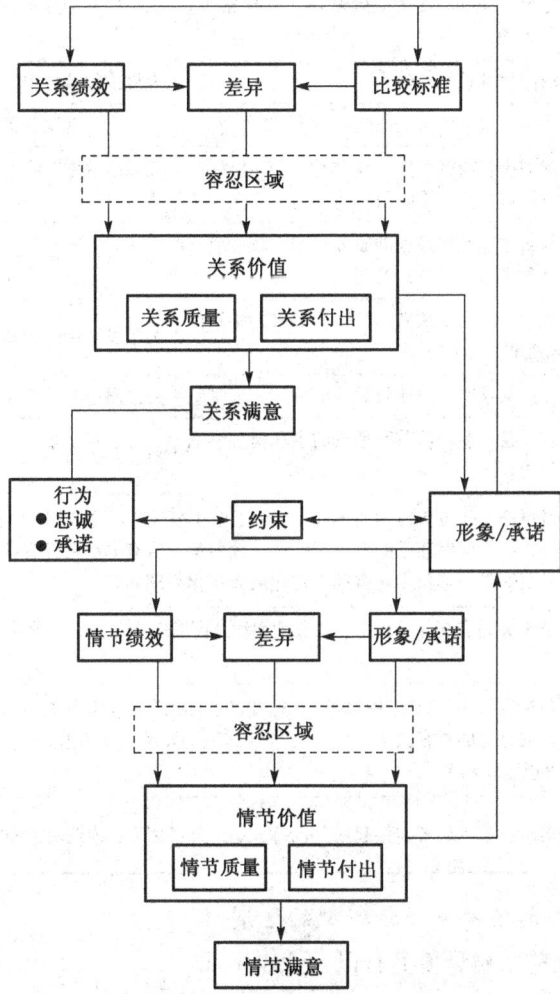

图 3-9 李亚德尔和斯特拉迪维克关系质量模型

资料来源：Veronica Liljander. Comparison Standards in Perceived Service Quality, Helsingfors. 1996：33.

2. 李亚德尔和斯特拉迪维克关系质量模型的相关概念界定

需要说明的是,这里"关系"的概念与我们通常所说的并不完全相同,过去,人们认为,只有当双方相互需要或者是企业的质量非常好,顾客非常满意时,关系才会存在,而事实并非如此。在有些情况下,顾客可能并不满意,即经过质量与付出之间的比较后,顾客认为付出与所获并不成正比时,关系仍有可能建立起来。李亚德尔和斯特拉迪维克于 1995 年提出了 10 类决定关系的约束(见表 3-2),如法律、经济等,这些约束对顾客与服务提供者之间关系的形成乃至关系的特性都起着至关重要的作用。

表 3-2 关系模型相关术语解释表

概　念	情节层次	关系层次
比较标准	各种比较标准(如预期期望、品牌基准、适当服务、产品基准、最优品牌基准、优异服务、理想服务和竞争对手)	除预期期望外所有的比较标准
差异	直接或间接的差异比较	直接或间接的差异比较
绩效	某一个特定服务情节的绩效	关系中所有服务情节的绩效
容忍区域	实际服务中,顾客可以接受的服务变动范围,在质量函数中为一平缓段	关系绩效中,顾客可以接受的服务质量变动范围
质量	顾客与某些显性或隐性的服务标准比较后对某一情节质量形成的主观判断	对所有情节所形成的质量主观认知
付出	与标准价格或其他准则比较后而形成的感知付出(包括价格等)	关系发展中的感知付出
价值	情节质量与情节付出比较后的结果	关系质量与关系付出比较后的结果
满意	顾客基于某一服务情节而形成的主观但有影响力的评价	对关系中所有服务情节的主观评价
形象	顾客对服务提供者整体性的感知,它对于企业绩效有过滤作用,而且本身也可能成为一个比较的准则。它同时还是关系中承诺的态度要素。所有的约束都有可能对形象形成影响,正面的或是负面的。形象本身有助于强化或者弱化心理约束	
承诺	承诺被定义为在交互关系中,双方的活动意图和态度。高关系价值将对承诺起到正面的影响作用	
行为	购买与沟通行为(口碑、抱怨等)。忠诚建立在顾客对企业所做出的正的承诺基础上,它所标明的是强有力的顾客关系。行为也受到约束的影响,经常性地接受同一个服务提供者的服务,可以强化约束	
约束	将顾客与服务提供者连接起来并保持关系的外部因素,约束包括经济、法律、技术等共 10 类	

3. 关系质量模型与其他感知质量模型的区别

关系质量模型与以前的质量模型有以下几点不同。

(1)对服务质量构成的重新分解

它将服务质量分为两层:情节层和关系层。在这两层都存在着顾客感知质量和顾客满意,因此,对顾客感知服务质量的度量不能仅仅从情节层次进行。而且按照作者的观点,顾客感知质量先于顾客满意,持有这种观点的学者包括李亚德尔和斯特拉迪维克、奥利弗和 PZB。但戴伯霍尔克(Dabholkar, 1993)提出了不同的观点,认为这两个概念究竟谁在前,取决于顾客如何评价服务。

(2)比较标准的重新设定

李亚德尔和斯特拉迪维克认为,服务质量期望与感知差异的比较可以采取不同的标准。感知质量是顾客对服务的一种主观性评价,它可以用不同的标准来加以比较,也可以直接用服务绩效来度量。虽然质量的评价一般是建立在顾客服务经历的基础上,但顾客也可以在没有服务经历的情况下,对服务质量做出评价,如通过广告、口碑等所得到的信息来加以判断;而顾客满意,却永远与特定的服务经历相关联。按照作者的观点,顾客满意取决于感知服务质量和感知付出的比较结果。这意味着在有些情况下,顾客可能认为某个服务提供者所提供的服务质量非常好,但他却不一定对质量感到满意。也许这家饭店的价格对于顾客来说,可能过于昂贵了,或者它不符合顾客的要求。所以,顾客满意比感知质量与顾客未来的消费行为关系更加密切,即满意比感知质量对顾客未来的消费行为影响更大。在早期的感知质量模型中,并不包括感知付出(价格、时间耗费等)的概念,后来,学者们认为感知质量模型中至少应包括价格(PZB, 1994)。约瑟曼 1988 年曾提出了一个模型,认为顾客购买行为直接决定于顾客感知价值,即感知质量与感知付出的比较;而在关系模型中,认为价格和非价格付出都是顾客满意过程中重要的决定性因素。如果在服务情节中,顾客感知质量和感知付出相等或超过了感知付出,那么顾客感知价值就会很高,从而顾客就会满意。但是,如果顾客感知质量非常低,即使低付出也无法令顾客满意。

(3)顾客行为受到服务提供者约束的限制

从李亚德尔和斯特拉迪维克关系质量模型中我们可以清楚地看到,尽管顾客满意度并不受约束的影响,但是,顾客的行为却受到约束的直接影响。这个结论说明了顾客满意必然导致顾客忠诚的观点是站不住脚的,也间接地回答了为什么满意顾客不一定必然是忠诚顾客的问题。

长期以来,很多学者对这个问题都感到困惑。一方面,顾客对企业所提供的服务表示不满意,另一方面却仍然充当企业忠实的"购买者",约束理论较好地说明了这个问题。

(4)不仅在服务接触层面上存在容忍区域,在关系层面上同样存在容忍区域

这个观点的提出具有非常重要的意义,它说明企业对容忍区域的管理绝对不能仅仅局限在服务接触层面上,而应将视野放到两个层面上,以更好地提高顾客感知服务质量。

(三)理解关系质量模型需要注意的问题

李亚德尔和斯特拉迪维克关系质量模型为我们解决了许多问题,但同时也留下了许多悬而未决的问题。这包括以下内容。

1.每一次情节对顾客关系的重要性问题

在顾客关系发展过程中,每一个情节顾客对服务的感知可能是不同的,即使最后关系质量的感知可能是一致的。斯托巴克(Storbacka, 1994)曾将情节区分为常规性情节(Routine Episode)和关键性情节(Critical Episode)两类。例如,在银行业,大多数的情节都可以称为常规性情节(如存取款等),其基本的特点是顾客的参与程度较低;而关键性情节则是

对顾客关系发展非常重要的情节，而且对顾客经济意义很大，如申请贷款。斯特拉迪维克等曾通过对私人银行业的研究发现，贷款是促使顾客转换服务对象最重要的因素。当然，关键性情节也有可能是具有重要的社会和个人意义的事件，如一般性的就餐和顾客带着重要的客户就餐，其重要意义显然是不同的。处理好这些关键性情节，对于顾客关系发展具有异常重要的意义。但他们并没有对他们的研究成果进行深入的归纳和总结，也没有在关系质量模型中体现出来。

2. 如何对不同层次上的容忍区域进行度量

在以往的研究中，学者们对容忍区域的度量大多是从服务接触层面上来进行的，而且是从 PZB 所圈定的 5 个方面来进行度量。那么，在关系层面上，容忍区域的度量方法、所采用的度量指标是否应当发生变化，原来的分析方法是否适用于关系层面容忍区域的度量？李亚德尔和斯特拉迪维克的关系质量模型都没有做出明确的回答。即使是他们所做的实证研究，也基本上是在情节层次上，并没有将研究的视角延伸到关系层面。

不管怎样，与以往的学者相比，李亚德尔和斯特拉迪维克的感知质量模型无论从深度上，还是从广度上，都将感知质量的研究向纵深大大推进了一步，而且对于我们的进一步研究具有积极的启发意义。

二、洛夫洛克服务质量模型

(一)洛夫洛克服务质量模型的基本内容

洛夫洛克沿袭了 PZB 对服务质量研究的基本思路，他对服务质量模型的研究始终是结合顾客满意研究来进行的。例如，PZB 将 SQ(服务质量) = P(感知) – E(期望)定义为顾客感知服务质量，而洛夫洛克则是直接从顾客满意入手，将顾客满意 S(Satisfaction)界定为 P-E(P 为顾客感知，Perceived Service；E 为顾客期望，Expected Service)，这实际上是对 PZB 的研究继承。在 PZB 的感知质量模型中，最后也会牵涉到 P 与 E 的比较问题，同样会得出类似的结论。

但洛夫洛克对 PZB 服务质量模型，特别是服务质量差距理论有重大的发展，这突出地体现在他对服务质量差距的重新分解，从而使得这一模型对服务质量管理工作更具指导意义，如图 3-10 所示。洛夫洛克对 PZB 模型曾进行过一次非常好的修正。他将差距 4 分成了两部分：广告与销售承诺(Advertising and Sales Promises)和顾客对服务承诺信息的理解(Customer Interpretation of Communications)。由此而产生了差距 6。因为即使服务企业的服务承诺信息是科学和合理的，但由于顾客理解力(如知识水平等)不同，从而也有可能产生差异。对于像中国这样一个顾客知识水准存在巨大差异的国家，企业在与消费者进行沟通时不能不考虑这一点。而 PZB 模型中的感知与期望的简单比较也被重新分解为顾客感知、顾客对市场沟通的理解这两者与顾客服务经历的比较(差距 7)。因此，在这个模型中，最终的差距不再是感知与期望的比较，而是感知与顾客对市场沟通的解释与服务经历的比较，这与 PZB 的服务质量模型显然产生了本质性的区别。

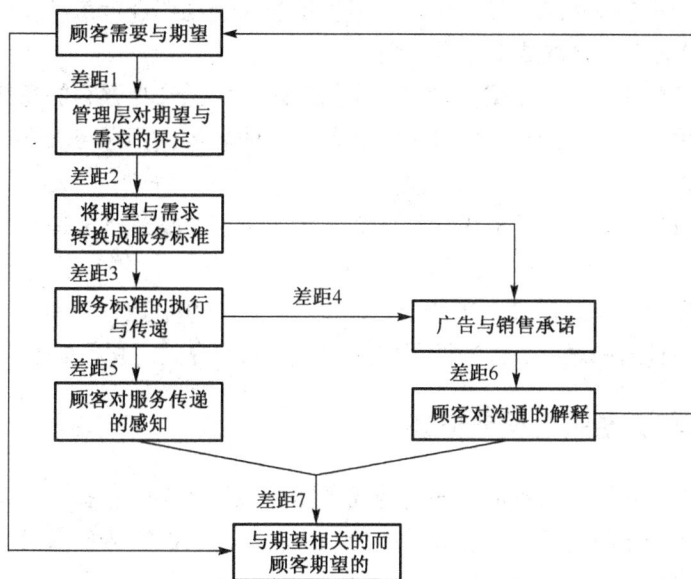

图 3-10 洛夫洛克顾客感知服务质量差距模型

资料来源：根据 Christopher Lovelock. Product Plus：How Product + Service = Competitive Advantage, McGraw-Hill, 1994：112，Figure 8-1 重新绘制。

(二)对洛夫洛克服务质量模型研究的几点结论

根据洛夫洛克的感知质量模型，我们可以得出这样的结论。

差距1是指企业不了解顾客的需要和期望，产生的原因主要是市场调查工作不科学或者是不完善造成的。解决的方法就是进一步完善市场调查工作，以获取顾客期望和需要的精确资料。

差距2是企业在制定服务标准时，未能根据顾客的需要和期望来进行。产生的原因是企业标准的制定片面地从企业服务流程或者是现有的资源入手，而对顾客的需要和期望未能予以充分的重视。解决的方法也较为简单，那就是真正建立顾客导向，而不是内部效率导向。

差距3是一线员工服务传递过程与服务质量标准之间的偏差。即使非常好的服务标准，也有可能由于一线员工的原因，如技能、态度等，造成服务标准执行与原来设定的标准产生偏差。解决的方法是提高内部营销水平，强化员工的培训等，努力消除这种偏差。

差距4指企业由于错误地理解了顾客的期望与需求，从而在市场沟通过程中向顾客传达了错误的信息或者是不恰当的承诺。消除的策略是正确地理解顾客期望，避免为了讨好顾客而做出过高或不切实际的承诺。

差距5源于顾客对服务质量绩效的错误理解。在有些情况下，顾客并不能真正理解企业向其提供的服务质量，如在一些较为复杂的服务行业和顾客不经常购买的服务行业。解决的方法是强化外部顾客培训工作，让顾客了解服务的内涵及其质量特性。

差距6是顾客对企业市场宣传与推广的错误理解。企业在进行市场宣传或者承诺时必须明确，避免向顾客发出含混或带有误导性质的市场信息。

差距7是顾客感知与最初期望比较后产生的差距。但无论是顾客的感知还是顾客的期望，都是"调整"后的感知或期望，感知的调整要素是顾客的实际服务经历，而期望的调整要素则是市场信息。

企业对服务质量的管理，正是从以上几个差距入手，以服务质量差距的最小化为最终目的的。

尽管洛夫洛克的感知质量模型在理论上并没有大的突破，但他对差距的重新定义，无疑为我们提供了一种新的思路，这对于深化差距模型的研究具有积极的意义。

三、波尔顿和德鲁服务质量模型

波尔顿和德鲁(Bolton & Drew,1991)服务质量模型于1991年提出，如图3-11所示。虽然该模型依然采用了格罗鲁斯的差异分析方法，但是他们的服务质量模型增加了许多新的研究内容，探讨的角度与格罗鲁斯也不相同。

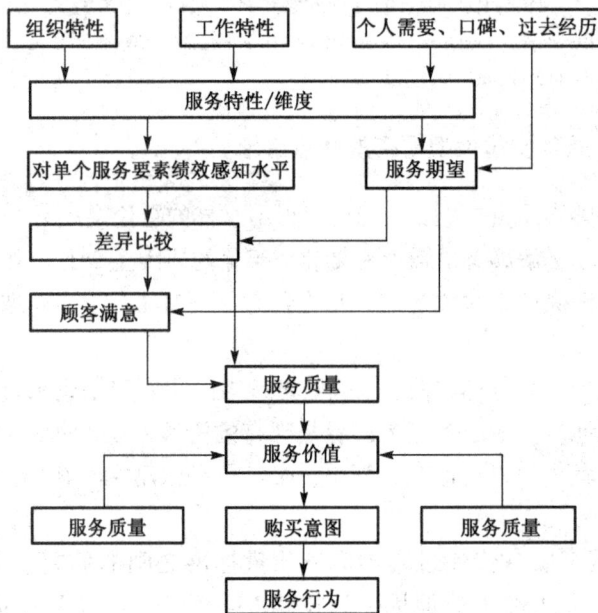

图3-11　波尔顿和德鲁服务质量模型

资料来源：Bolton, Ruth N., James H. Drew. A Multistage Model of Customers' Assessments of Service Quality and Value. Journal of Consumer Research, Vol. 17(March), 1991: 375-384.

除了服务期望决定要素与格罗鲁斯完全相同之外，这几乎是一个全新的模型。在该模型中，加入了组织特性、工程特性等新的要素。更为重要的是，波尔顿和德鲁对服务质量与顾客满意的关系、服务质量与顾客重购意愿的关系等进行了有益的探索，而且在许多方面与格罗鲁斯产生了分歧。

从图3-11我们可以看出，该模型一个最大的贡献是在服务质量模型中加入了服务价值的概念，并将其视为影响顾客重购意愿的一个非常重要的因素。在该模型中，影响服务价值的因素是非常复杂的，包括服务质量、顾客付出与获得利益的比较以及顾客自身的特性。另外，波尔顿和德鲁服务质量模型的另一个特点是：顾客满意和感知服务质量都受到期望与感知比较结果（Disconfirmation）的影响，而且在处理顾客满意与顾客感知服务质量的关系问题上，他们与格罗鲁斯截然相反。他们认为，顾客满意是感知服务质量的先行指标，而且顾客满意决定了顾客感知服务质量。他们认为：按照顾客满意理论，期望与绩效比较的结果、期望和绩效本身都会对顾客满意产生影响，这反过来又会成为顾客感知服务质量的决定要素（An Input to Customers' Perceptions of Service Quality）。它与 PZB 模型的相同之处是：都认为顾客满意是某一次特定交易的结果，而感知服务质量则是对服务的一种总体性的评价（Global Evaluation of Service）；但具体的评价标准与 PZB 模型不同，而且他认为对顾客实际服务效果的评价对顾客满意的影响比期望与实际的比较影响更大。也就是说，由感知与期望所形成的所谓"差异"对顾客满意的影响，远远没有顾客单纯地对实际服务绩效评价而形成的影响大；但这适用于顾客满意，而不适用于感知服务质量。

总之，该模型没有对顾客满意和感知服务质量之间的关系做出界定，也没有说明模型中所使用的期望概念的含义到底是什么。

四、奥利弗感知服务质量模型

（一）奥利弗感知服务质量模型的基本内容

奥利弗（Oliver, 1993）感知服务质量模型中所包括的内容与 PZB 等基本相同，但与 PZB 不同的是，奥利弗试图说明，对于顾客满意和感知质量，应当采取不同的评价标准。

他认为，期望是建立在理想的或优异的服务质量感知基础之上的，而顾客对于满意与否的判断则牵涉许多非质量因素，如需要、权益公平性认知，等等。他还对 SERVQUAL 评价方法提出了批评。批评的焦点集中在该评价方法使用了单项的评分方法，而不是总体性的评价方法。

他同时还认为，在服务消费过程中，许多要素与感知服务质量无关，但却可以用来度量顾客满意程度。他说，对于顾客来说，高质量的晚餐包括温和的侍者、美妙的食物和各种各样的美酒。但是，停车问题、漫长的排队等候时间和付款系统出问题都可能导致顾客不满意，而这些都是企业无法控制的。事实上，奥利弗此处所说的大多数都可以归入服务质量有形要素范畴，或者用比特纳在 1992 年提出的所谓的服务环境（Servicescape）来加以概括。

（二）奥利弗感知服务质量模型的创新点

奥利弗提出了一个非常重要的观点：即使顾客没有接受企业的服务，也可以对服务质量做出评价，而顾客满意则必须是在接受服务之后（或过程中）才会产生。这与格罗鲁斯所阐述的"形象"问题非常接近，因为顾客可能仅仅通过对企业形象的感知，从而决定是否接受企业的服务。他还认为，顾客满意先于顾客感知质量的说法缺乏实证研究。奥利弗利用克罗宁（J. Joseph Cronin Jr.）和泰勒（Steven A. Taylor）1992 年所做的一项研究结果，说明了服务质量是顾客满意的决定要素之一，但顾客满意又会反过来强化顾客的质量感知。奥利弗感知服务质量模型如图 3-12 所示。

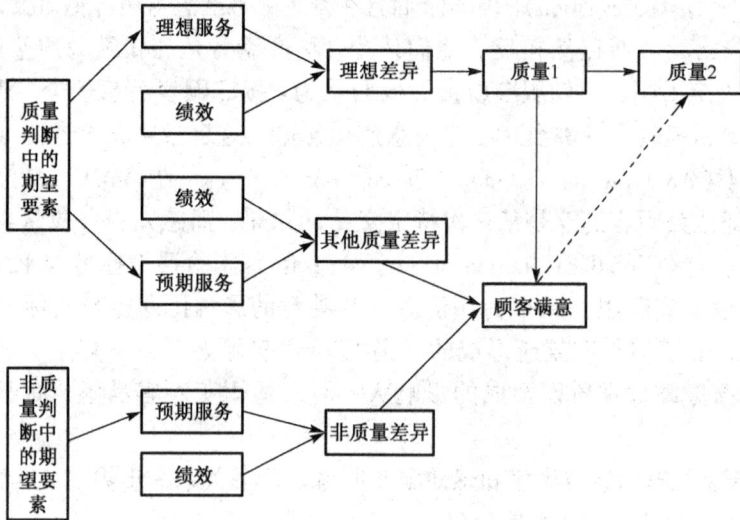

图 3-12　奥利弗感知服务质量模型

资料来源：Oliver Richard L, A Conceptual Model of Service Quality and Service Satisfaction：Compatible Goals, Different Concepts, in：Swartz A. Teresa, David E. Bowen and Stephen W. Brown（eds.）. Advances in Services Marketing Management, Vol. 2, Greenwich, Connectlcut：JAI Press Inc., 1993：80.

奥利弗的感知质量模型的一个创新点在于：他认为顾客将进行三种比较，形成三个差异（Disconfirmation）。第一个差异是感知质量差异（理想期望与绩效比较的结果）；第二个差异是预期的期望与绩效的比较结果；第三个差异是非质量因素的比较。顾客满意会影响顾客感知质量，从而形成新的感知质量（质量2）。但对于顾客的这三种比较所形成的后果以及对顾客行为的影响，他没有做进一步的研究。

五、布洛格维茨、迪里恩和李斯顾客感知服务质量综合模型

美国的布洛格维茨、迪里恩和李斯（Brogowicz, Delene & Lyth, 1990）曾对顾客感知服务质量模型进行了大量的研究，并提出了顾客感知服务质量综合模型（Synthesized Model of Perceived Service Quality）。该模型如图 3-13 所示。

这个模型具有自解释功能。在模型中，顾客感知服务质量差距被分成了技术质量差距（Technical Quality Gap）和功能质量差距（Functional Quality Gap），两者融合，形成总的服务质量差距（Total Service Quality Gap）。顾客影响这些差距的经历被分为技术服务组合经历（Experiences of a Technical Service Package）和功能服务组合经历（Experiences of a Functional Service Package）两部分。两者合二为一，形成总的服务组合（Total Service Package）。将组合分解为两部分的理由非常简单，因为这样可以促使营销人员和提供服务的员工在营销过程中详细地观察这两部分对于顾客感知服务质量形成的作用，从而避免过分强调技术质量

和忽视功能质量现象的出现。图 3-13 的底部列出了影响这两者的要素——人力资源和有形资源。而图 3-13 的上部则给出了影响顾客期望的要素，包括企业形象和其他要素。

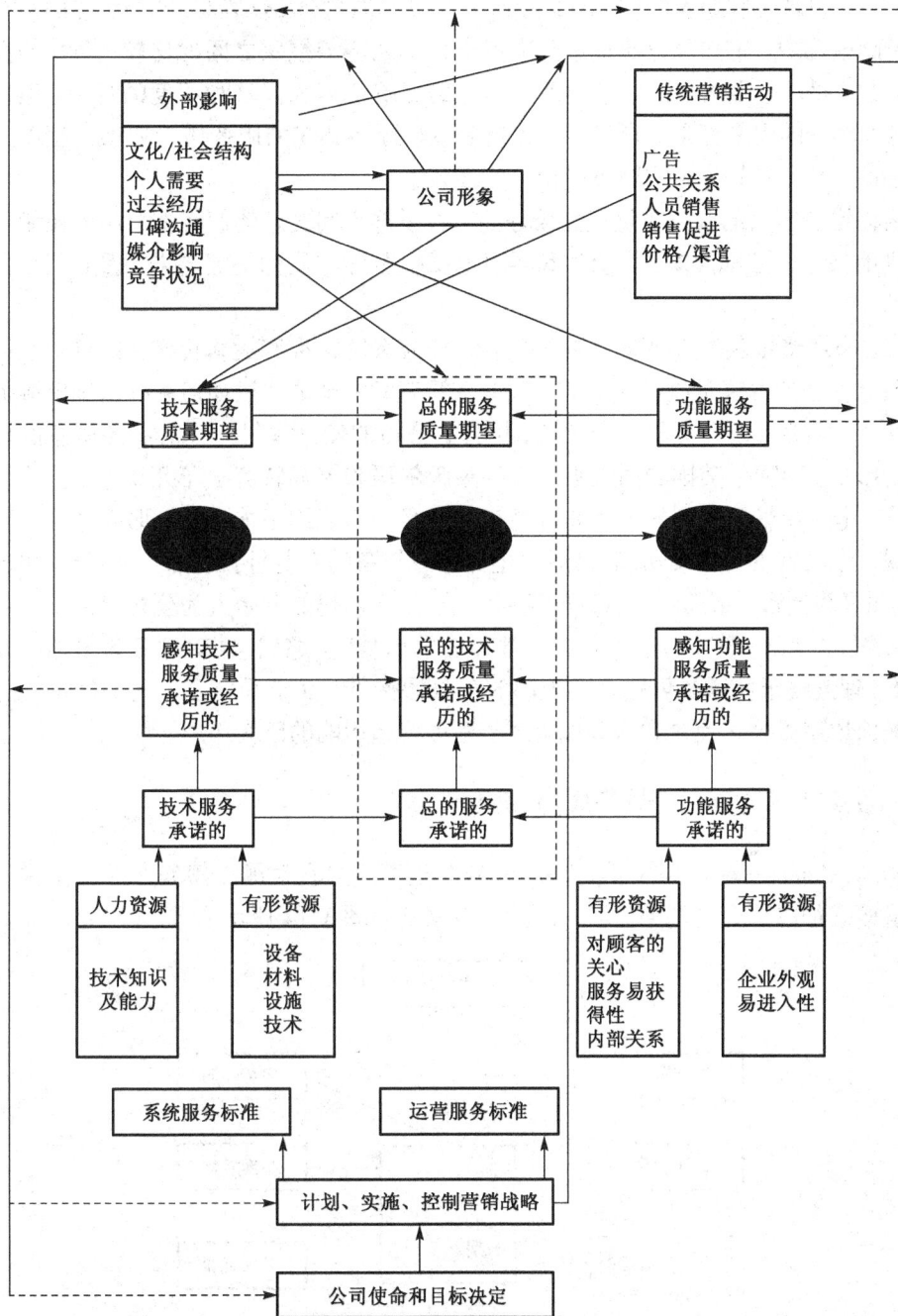

图 3-13　顾客感知服务质量综合模型

资料来源：Brogowicz A. A., Delene L. M., Lyth D. M.. A Synthesized Service Quality Model with Managerial Implications. The International Journal of Service Industry Management, 1（1）, 1990：39. Copyright 1990, with Permission from MCB University Press.

布洛格维茨等人的服务质量模型对于企业搞好服务质量管理具有重要的意义。这个模型的管理意义如下。

第一，在重视过程质量的同时，企业必须对技术质量（服务结果）给予足够的重视。在PZB的差距模型中，感知服务质量主要决定于顾客期望与绩效之间的比较，而我们在前面已经论述过，虽然企业可以从一些角度对期望的影响要素加以某种程度的管理，但从总体上说，绝大部分的因素都是不可控的。也就是说，顾客感知的服务质量在很大程度上是具有主观性的，而且它只是影响服务质量的一部分。

布洛格维茨等人的服务质量模型较好地解决了这个问题。他们将整个服务质量重新进行了有机地整合，使其能够更为全面和客观地反映服务质量的决定要素，因而其指导意义是巨大的。

第二，布洛格维茨等人将整个服务标准划分为系统标准和运营标准，并将企业使命纳入服务质量模型的做法是值得借鉴的。我们在第三章中曾论述过如何系统地理解服务概念问题。在很大程度上，服务是一种观念，因此，公司的使命和目标会对服务质量的传递产生极大的影响。例如，美国的两大零售业巨头沃尔玛和卡马特竞争了几十年，作为零售业的领头羊，卡马特最终失利的原因非常复杂。但有一个原因不能不提，那就是公司的使命和价值观。卡马特的公司使命和目标是"世界一流规模的专业折扣商店"，而沃尔玛的定位则是"奉顾客为上帝、帮助顾客省钱的商店"。于是沃尔玛的创始人为公司定出了三条服务法则："顾客是上帝，尊重每一名员工，每天追求卓越"。那句"请对顾客露出你的8颗牙齿"的服务理念终于使沃尔玛登上了美国500强的榜首，而卡马特则走向破产的边缘。这从一个侧面说明了公司使命和服务理念对于服务传递影响的巨大作用。

六、谷姆森4Q产品/服务质量模型

谷姆森（Gummesson，1993）4Q产品/服务质量模型是在对顾客感知服务质量模型和工业品质量概念加以综合的基础上而得出的。该模型如图3-14所示。

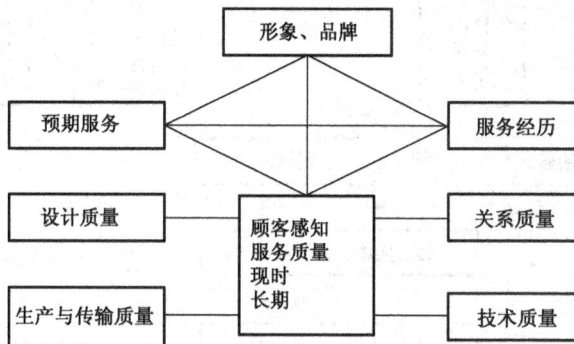

图3-14　谷姆森4Q产品/服务质量模型

资料来源：Gummesson E., Quality Management in Service Organizations. New York：ISQA，1993：229；Further Revised by Gummesson，2000.

这个模型研究的出发点是这样一种观点：服务和有形产品都是服务不可分割的组成部分。所以，该模型将产品和服务的所有要素都包容进来，目的是"忽略"服务和有形产品的差异，探讨在抽象的情况下如何提高管理质量。按照他的观点，企业服务化趋势越来越明显，所以没有必要再区分服务与产品，这是毫无疑问的。

该模型包括预期服务和服务经历变量，另外，形象和品牌要素也被纳入该模型中。品牌要素是顾客感知服务质量模型中新的要素。形象与顾客对一个企业的看法相关，而品牌则是产品在顾客心目中的定位。品牌形象有时会用来表示一种事物。按照谷姆森的观点，顾客对总的服务质量感知，一方面会影响企业的形象，另一方面也会对顾客心目中品牌的形象起到决定性的影响作用。

前两个质量的概念是质量的来源（Sources of Quality）。设计质量说明的是服务和产品怎样整合成为功能质量组合。设计质量失误会导致低下的绩效和顾客糟糕的服务经历。生产和传输质量说明的是这种服务组合是如何生产和传输给顾客的。不管是服务生产还是服务传输过程中哪个环节没有达到顾客期望，都会出现质量问题。

在该模型中还有从工业品生产和服务生产而得出的两个质量概念。关系质量（Relational Quality）是指在服务过程中顾客如何感知服务质量。顾客导向、细心、关怀顾客的员工通常具有高超的服务能力和技巧，他们通常会提高与顾客的关系质量。有形产品的定制化也是影响这种质量的重要因素。关系质量与功能质量要素紧密相关。在该模型中，技术质量指的是一个服务组合既是短期也是长期的利益。如果对生产设备的维护和保养能够使生产者减少由于设备故障而导致的顾客货币损失，那么对于生产者来说，这就是一种技术质量；如果一个顾客损失被保险公司补偿了，这对于顾客来说，技术质量是良好的；同样，如果一部汽车能够按照质量标准行驶，技术质量也是良好的。

谷姆森4Q产品/服务质量模型指出了质量最重要的构成要素。它将整个企业流程都纳入了考虑范围，服务质量优良或者低下的原因可能源于工厂或后台（生产质量），甚至可以追溯到设计部门（设计质量）。这个模型还将服务的特殊要素（传输和关系质量）引进到模型中，以前的顾客感知服务质量模型是不包括这两个要素的。需要注意的是，在这个模型中，谷姆森选用的术语与其他学者不同。例如，他没有采用顾客期望，而是采用预期服务的概念；而关系质量的内涵也与李亚德尔和斯特拉迪维克关系质量模型中关系的含义不同，这是我们在理解这个模型时必须注意的问题。

第四节　顾客感知服务质量度量标准

尽管学者们对于顾客感知服务质量的基本内涵和架构已经形成了基本的共识，但是，对于如何衡量感知服务质量，特别是对期望、绩效以及感知的度量等许多方面，尚存在着一系列的分歧。对这些概念做出科学的界定，将有利于我们后续的顾客感知服务质量评价方法的建立和顾客感知服务质量管理问题的研究。

一、服务期望与服务绩效

(一)期望概念的界定

服务管理中期望(Expectation)的概念是从制造业管理中借用过来的。最初,期望的概念是用"预期"(Predictive Expectation)来表示的,因为学者们认为顾客的期望是可以预测的。当时,许多学者以制造业为对象,对期望与感知问题进行了大量的研究,也得出了许多令人信服的结论。

卡多佐(Cardozo,1965)、奥尔舍夫斯基和米勒(Olshavsky & Miller,1973)以及安德森(Anderson,1973)所进行的三项研究基本上奠定了顾客满意问题研究的基础。他们研究的主要是产品期望与产品实际使用效果的比较,而且无论是期望还是实际效果都由研究人员来加以控制。经过研究,他们得出的结论是:如果比较的结果是正值,那么对绩效的评价就较高,反之则低。不过,三人研究的产品类别有所不同:卡多佐研究的是圆珠笔,而奥尔舍夫斯基和米勒研究的则是录音机。在研究过程中,奥尔舍夫斯基和米勒还得出了一个结论,即期望高,感知高,则消费者认为产品的绩效好;反之,期望低,感知高,所得出的绩效依然是低的。另外,高期望和低感知比较后得出的对产品的评价通常较高,而低期望和低感知则相反。安德森也认为,高期望通常会提高顾客对产品的评价。

斯旺和康姆斯(Swan & Combs,1976)被认为是首先利用比较标准对顾客满意问题进行研究的学者。他们采用直接的标准来度量顾客满意。与其他学者不同的是,他们采用了关键事件技术(Critical Incident Technique)方法。通过问卷调查,询问顾客产品实际效果与他们以前期望的相比较到底怎样。他们所得出的结论与前面的学者并没有差异,即如果实际效果(感知)超过顾客期望,则顾客满意,反之亦然。

但并不是所有的学者都同意这个观点。奥利弗(Oliver,1977)认为,预期质量和实际质量都会对顾客满意产生直接影响,两者比较后的差异结果(Disconfirmation)也会对顾客满意产生影响,但影响的方式不同。此后,丘吉尔和索普里纳特(Churchill & Suprenant,1982)在此基础上,又进行了深入的研究。当时他们对一种VDP产品(Video Disc Player)进行了研究。研究结果表明,VDP这种产品基本上只受到绩效的影响,如果VDP使用得很好,那么,顾客就满意;反之则不满意。顾客根本不进行所谓期望与绩效的比较,由绩效决定的顾客满意程度达到88%。

这些制造业研究的成果对服务业中期望概念的开发和探讨,起到了积极的催化作用。从这些研究成果中,我们已经可以清晰地看到格罗鲁斯差异分析的雏形和SERVQUAL评价方法的理论根基,而丘吉尔和索普里纳特的结论,则无疑为SERVPERF评价方法奠定了基础。

当服务管理真正成为一门学科后,对期望的界定发生了本质性的变化,尽管仍然有学者在使用"预期"这个术语。PZB(1988)在最初对期望概念做出界定时,认为"期望是顾客的愿望(Desires)或需求(Wants),即他们认为服务提供者应当(Should)而不是将要(Would)提供的服务"。而在顾客满意研究理论中,期望是一种预期、一种顾客所认为的服务提供者将要提供的服务。

按照 PZB(1994)的观点，界定顾客感知服务质量研究与顾客满意理论研究的一个非常重要的指标就是看学者们在研究的过程中，是否采用了"预期"这一概念。他们认为，"在顾客满意研究领域，顾客满意是预期服务与感知服务比较的结果。预期服务在感知服务质量研究中却并非是一个比较的标准。相反，服务质量是另外两个标准比较的函数，它们分别是理想服务质量和适当服务质量，而不是预期服务质量"。尽管 PZB 这种将顾客感知服务质量研究和顾客满意研究加以武断区别的做法并不一定完全科学，但作为服务管理学界的权威人物，对"预期"的这种看法无疑代表了服务管理学界的一种倾向。

根据这种思路，PZB(1993)于 1993 年首次对期望给予了较为明确的界定：顾客在购买产品或服务前所具有的信念或观念(Pretrial Beliefs)，作为一种标准或参照系，它与实际绩效进行比较，从而形成顾客对产品(服务)质量的判断。这是一个较为权威，也基本上被学者们所接受的期望概念。

(二)期望的分类及其影响因素

不同的学者，对期望进行了不同的分类。这些不同的分类，对于我们深入了解期望的特性，并进而深化对服务质量的研究，有着重要的意义。

1. PZB 期望分类

PZB 研究所得出的一个非常重要的结论是，顾客的期望不是一个单一的变量，而是一个"区域"，这个区域被 PZB 称之为"容忍区域"(Zone of Tolerance)。根据这一观点，顾客服务期望被分解成两部分——理想服务和适当服务。

(1)理想服务

理想服务是顾客服务期望的上限，它是顾客希望得到的服务水平。我们在第一节已经探讨过，理想的服务主要受到两类因素的影响，即持久性服务强化因素(包括引致期望和个人服务观念)和个人需要。在这里我们将进行进一步的说明。

在顾客期望形成的过程中，个人需要，即那些对顾客的生理或心理健康十分必要的状态和条件，是形成理想服务水平的关键因素(Zeithaml, 2000)。例如，对社交有较高需要的顾客对饭店的辅助服务可能会有相对高的服务期望。

同时，持久性的服务强化因素是相对独立和相对稳定的因素，该因素决定了顾客对服务的敏感性。持久性的服务强化因素包括两类。一是引致期望，即由于其他顾客的需求或期望间接作用于服务接受者，使其服务期望产生变化(如期望水平的提高或降低)。如我们前面曾说过，一个人去就餐和顾客带着一个非常重要的客户去就餐，他的服务期望的形成，就不仅取决于他自己，而且还要受到那位客户期望和价值观的驱动。二是个人服务的价值观或理念，即顾客对服务的意义和服务提供者正确行为的根本态度。个人服务价值观受到顾客本人服务经历和个人在社会中所处的层次的影响。例如，如果一个顾客以前曾经做过教师，那么，他对于教学水平(服务)会比其他顾客(没有做过教师的顾客)有更高的要求(期望)。

除了前面两大类因素外，企业的服务承诺、口碑和顾客过去的服务经历，也会对顾客理想的服务产生很大的影响。企业服务的承诺包括两类——明确的(显性)服务承诺和隐性服务承诺。

明确的服务承诺是企业通过广告、公共关系和人员销售等对顾客做出的正式的承诺。

如企业通过广告向顾客承诺最低价格、限时服务等。明确的服务承诺是企业可以控制的影响顾客期望的少数几个变量之一，而隐性的服务承诺则是指企业虽然没有明确说明或标示，但顾客可以通过价格、服务等有形要素加以感知的服务承诺。例如，一家价格昂贵的酒店，在顾客看来，意味着与高价相匹配的服务水平，而一家装潢得富丽堂皇的专卖店，顾客有理由相信会在这家商店购买到优质的产品，同时接受优质的服务。

口碑同样会对顾客期望的形成产生重要的影响，在服务业中，这种影响比在制造业中更为明显。服务本身是无形的，服务质量是一种感知的质量。顾客在接受服务前，其他相关人员的口碑对其期望的形成起到强化或弱化的作用。当然，口碑与企业明确的承诺不同，它是不可控的；但两者也有相同之处，如果口碑过高，而感知服务绩效却很低，这会对顾客感知服务质量起到严重的负面影响。

最后，过去的服务经历也会对顾客理想的服务产生影响，作者认为过去的服务经历应当有两个含义：第一，过去顾客接受同类服务的经历；第二，顾客接受本企业服务的经历。由此，顾客的理想服务会有两个，如果顾客以前接受过本企业的服务，而同时又没有接受过其他企业的服务，那么，他在本企业所接受的服务经历中，最好的一次将成为理想服务的参照系；反之，如果该顾客接受过其他企业的服务，也接受过本企业的服务，那么，顾客就有可能采取品牌标准乃至最优品牌标准来作为对本企业服务进行度量的"标杆"（参见本节"服务经历标准"）。

(2) 适当服务

适当服务是顾客感知服务质量评价中一个非常重要的指标，它源于米勒(Miller, 1977)所提出的"最低可容忍服务"(Minimum Tolerable Service)这一概念。他认为，所谓最低可容忍服务就是服务的最低限(Better Than Nothing)，它所表明的是顾客认为企业的服务必须是什么样的(Must Be)。实际服务水平超过最低可容忍服务，顾客不一定满意，如服务水平处于最低可容忍服务和预期服务之间，那么，顾客可能依然不满意。

影响适当服务的因素包括临时性的强化要素、感知服务选择、服务角色自我认知、随机因素和预期服务。

临时性强化要素是指一些与顾客期望相关的短期的和个人的因素，这些因素会在短期内强化顾客对服务的需求，从而降低或提升适当服务的水平，从而缩小或放大顾客容忍区域。例如，一个顾客的心脏病发作，那么，他对于医疗服务的需求会在瞬间得到放大，同时，他的适当服务水平也会提升，进而缩小服务的容忍区域。

感知服务选择是顾客所面临的可供选择的同类服务提供者的数量。如果顾客感知服务选择多，那么，他的适当服务水平会上升，反之则会下降。例如，在同一地点，如果有很多家饭店，那么，即使一个顾客很饿，他也会对服务提供者进行选择，而且会对所接受服务的企业提出较高的服务水准，否则，这个顾客就有可能会转换服务。所以，顾客感知服务选择越多，适当服务水准就越高，从而容忍区域也就越小。反之亦然。

第三个影响适当服务水平的因素是顾客服务角色的自我认知。服务角色的自我认知是指顾客对所接受服务施加影响的程度。如果顾客认为自己在服务中的参与度很高，对服务水平高低影响很大，那么，他们会倾向于提高适当服务水平；反之，则会降低服务水平。适当服务水平也受到随机因素(Situational Factors)的影响。随机因素指的是在顾客接受服务前所遭遇的无法由顾客本人和企业控制的因素,如天灾、人祸等。一般来说,随机因素会降低顾客适当服务的水平,从而放大顾客服务质量容忍区域。

最后,预期服务也会影响顾客适当服务的水平。预期服务是顾客对即将接受的服务的一种理性的预期。例如,在饭店服务低峰期(非就餐时间),顾客有理由相信当他们就餐时,他们等待的时间应当比高峰期要短,服务态度也应当比高峰期要好。这种预期会提高适当服务水平,缩小质量的容忍区域。

这些因素的综合作用,就形成了顾客完整的期望,也为顾客感知质量的形成奠定了基础。

2.奥加萨罗分类

奥加萨罗(Ojasalo,1999)对期望的研究只是针对专业服务而开展的,但研究中所揭示的顾客期望的动态性,对各类服务企业发展与顾客的良好关系都具有指导意义。如图3-15所示表明了奥加萨罗顾客期望的分类及基本模型。

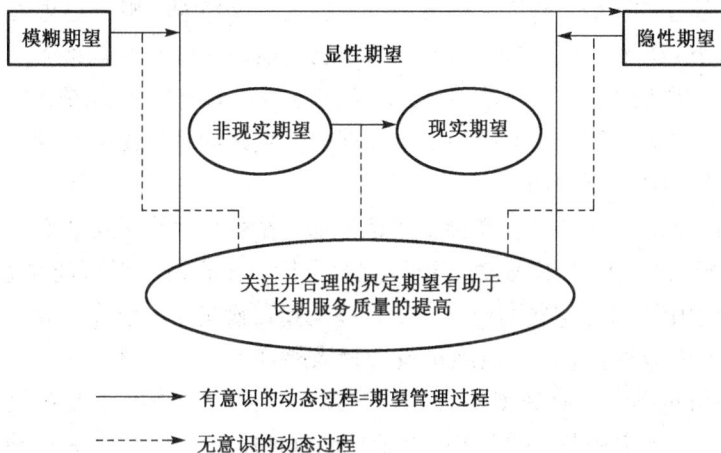

图 3-15　奥加萨罗顾客期望分类及基本模型图

资料来源:Ojasalo J. , Quality Dynamics in Professional Services. Helsinki/Helsing-fors:Swedish School of Economics/CERS. Finland. 1999.

按照奥加萨罗的观点,顾客期望可以分为三类:一是模糊期望(Fuzzy Expectation);二是显性期望(Explicit Expectation);三是隐性期望(Implicit Expectation)。这三类期望各自的特性如下。

(1)模糊期望

模糊期望是指顾客期望服务提供者为其解决某类问题,但并不清楚怎样解决。

(2)显性期望

显性期望是指在服务过程开始之前就已经清晰地存在于顾客心目中的期望,它们又可以分为现实期望和不现实期望两类。

(3)隐性期望

隐性期望是指有些服务要素对于顾客来说是理所当然的事情,顾客没有必要考虑这些问题,而只是将其视为一种约定俗成的东西。

对于服务提供者来说，了解顾客的模糊期望是非常必要的，因为有些情况下，顾客无法表白他们的期望，尽管说不出来，但这些期望仍然对顾客的质量感知产生影响，决定他们对服务质量是否满意。顾客在很多情况下，意识到他们有必要接受某种服务以改变他们的现状，但却无法表达。他们不知道应当怎样去做、做什么来达到这个目的。这些模糊的期望实际上是一种真实的期望，因为顾客确实期望得到某种改变。如果服务提供者不去发掘并满足顾客的这种模糊期望，那么，顾客会感到失望。他们会意识到他们所接受的服务是不完美的，但却不明白他们不满意的原因。这些模糊期望会继续存在下去。

顾客之所以主动和有意识地表达出他们的预期服务，是因为他们假定这些期望可以而且能够实现。但是，这些显性期望中有一些是非现实的期望。例如，一个客户会认为他的财务顾问总是能够有效地管理他的资金，这笔资金会不断地增值。如果他抱有这种想法，那么，有一天他肯定会失望。对于服务提供者来说，帮助顾客将非现实期望转化成现实期望，是一件非常重要的工作。如果能够做到这一点，顾客所接受的服务就会远远地超过他的期望。在关系建立的初期，当然也包括关系发展的整个阶段，服务提供者对他们所做出的承诺应当非常小心。承诺越含糊，顾客产生非现实期望的可能性就越大。这种模糊的承诺是非常危险的，因为顾客有可能被误导，认为服务提供者有能力实现那些实际上根本无法实现的诺言。在沟通过程中，模糊和故意含混的信息是导致无法实现承诺的原因，也是顾客产生非现实期望的重要原因。

顾客会想当然地认为服务提供者会实现他们那些隐性的预期服务，因为这些期望是非常明确的，顾客没有必要再加以表达。由于这个原因，服务提供者可能会忽视这些期望，在提供服务的过程中不满足这些期望。如果这些期望被满足了，顾客不会刻意地去琢磨这些问题，但是，如果这些期望没有被满足或者是当顾客处于不满意状态时，这些问题就会影响顾客的服务质量感知。服务提供者必须注意那些隐性期望有没有被满足，以采取措施，满足顾客所有的预期服务，而不仅仅是显性的预期服务。图 3-15 较好地表达了这三者之间内在的关联。

让我们对图 3-15 进行简略的分析。在图 3-15 中，粗箭头表示"有意识的动态过程"（Intentional Dynamics），即服务提供者应当而且能够主动对预期服务进行管理。企业要善于发现顾客模糊和隐性的预期服务，并使其显性化。如果服务提供者非常注意对模糊期望的管理，那么，这些模糊期望的模糊程度将下降。随着关系建立过程的深入，服务提供者将知道企业应当为顾客提供什么，顾客也知道他们将从企业得到什么。同时，也要注意及时发现顾客的隐性期望，并促使顾客意识到建立现实期望对于提供服务质量的意义。

图 3-15 中的虚线说明的是"无意识的动态过程"，即在关系建立过程中，服务提供者无法施加影响的期望发展过程。

随着时间的推移和关系的深入，顾客会逐渐学会将模糊的期望显性化并在接受服务过程中逐渐剔除非现实期望，也就是说，知道自己的现实需要。当然，这种期望发展的动态过程并不总是有利于企业的，对于顾客来说，非现实期望可能永远都会存在。如果一家企业无法实现这种期望，顾客可能会转向另外一家可能具有这种能力的企业。

图 3-15 中的虚线箭头（从显性期望到隐性期望）表示另外一种学习过程，即另外一种

"无意识的动态过程"。在关系质量发展过程中,如果顾客已经习惯了特定水平的服务,那么,顾客下次再接受同样的服务时,可能并不向服务提供者表达他们的预期服务,而将其视为理所当然和不言而喻的事情。这样,显性的预期服务会产生向隐性化方向发展的趋势。如果顾客接受的服务和以前一样,没有什么变化,也没有出现服务失误,顾客对此可能连想都不想。但是,如果服务提供者对所提供的服务做出了某些改变,例如,一个新的雇员接替了原来雇员的工作,并且以与前雇员不同的工作方式来为顾客提供服务,那种服务恰恰是顾客所习惯的,这时,顾客就会产生挫折感,或者是不满意的心理,隐性预期服务再一次转化成显性期望。

(三)期望与绩效关系分析

期望与感知绩效(Perceived Performance,有些情况下我们会以绩效或感知来替代这个词,作者注)是顾客感知服务质量评价和管理中最重要的一对关系。对期望与感知关系的不同看法,形成了不同的服务质量管理模型和评价方法。PZB 的 SERVQUAL 感知服务质量方法正是通过对期望与感知之间差异的分析而建立的。

1. 期望特性的"再分析"

我们在前面已经对期望问题进行了初步的分析,但是,期望的服务质量特性之间存在着很大的差异。有些特性(Attribute)是顾客对服务质量的一种理想性的期望,它类似于数学中向量(Vector)的概念,并不存在着期望的最高值问题,而是一个无限的"量"。对于这一类的期望来说,感知服务绩效(Performance)越高越好。例如,在一家银行,我们期望接受服务的时间越短越好;同样,对于一个乘客来说,在机场的登机时间最好能压缩在最短的时间之内。

还有一些服务特性,顾客的期望是一个有限的"量",而不是像前者那样越高越好。例如,PZB 所建立的服务质量维度中,移情性(Empathy)是一个非常重要的维度。但是,在顾客实际接受企业服务的过程中,这个服务质量维度肯定是一个有限的"量"。因为按照 PZB 的解释,移情性就是企业对顾客提供关心与特别关照。但是,这种关心也好,特别的关照也好,肯定是有一个限度的,如果过度,就会引起顾客的反感了。蒂斯(Teas, 1993)曾将这两类特性分别概括为"向量特性"(Vector Attributes)和"典型理想点特性"(Classic Ideal Point Attribute)。

2. 期望与绩效关系分析

重要的问题并不在于给这些特性怎样的名称,而在于通过对这些期望特性的界定,我们可以科学地考察期望与绩效之间的关系。我们可以用下面的两个图形图 3-16、图 3-17来表达三者以及期望与绩效之间的相关关系。

从图 3-16 我们可以清楚地看出,当期望特性为向量特性时,顾客感知服务质量水平(SQ)会随着服务绩效水平的提高而不断提高;同样,当绩效降低时,也会带动顾客感知服务质量水平的下降。由于顾客期望为向量,所以,企业应当寻求一种所谓的适当服务质量,而不是努力去超越顾客的期望,因为顾客的期望是无限的。在很多情况下,我们根本就无法逾越。

从图 3-17 我们可以看出,当服务特性为典型理想点时,期望水平是一个"常量",绩效水平的提高,肯定会带动顾客感知服务质量水平的同步提高。但当服务绩效进一步提高时,顾客感知服务质量(SQ)反而会趋于下降,而不是上升。

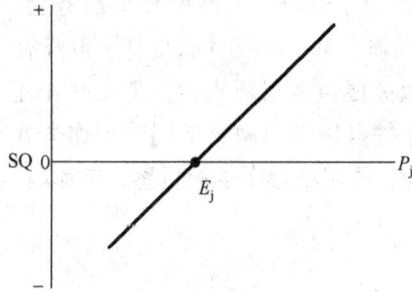

图 3-16　期望与绩效关系图

资料来源:Teas R. Kenneth. Expectations. Performance Evaluatlon and Consumers' Perceptions of Quality. Journal of Marketing, 57(October), 1993:18-34.

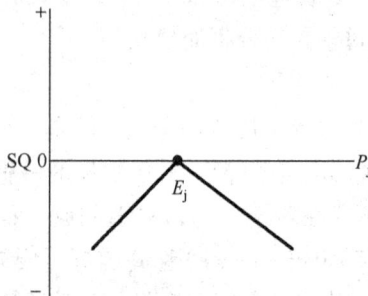

图 3-17　期望与绩效典型理想点关系图

资料来源:Teas R. Kenneth. Expectations. Performance Evaluation and Consumers' Perceptions of Quality. Journal of Marketing, 57(October), 1993:18-34.

斯特拉迪维克(Strandvik,1994)从另一个角度对这个问题进行过更为深入的研究。他认为,在服务质量模型中,通常假定质量函数是线性的,即服务水平提高,则顾客感知的服务质量也相应提高。图 3-18 和图 3-19 说明的就是这种情况。但实际上,这两者的关系并不一定这么简单,也就是说,服务质量函数在有些情况下可能是非线性的。

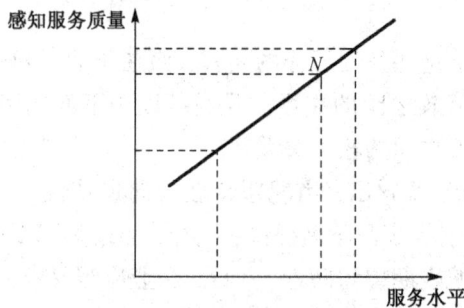

图 3-18　线性质量函数图形

资料来源:Strandvik T., Tolerance Zones in Perceived Service Quality. Helsink/Helsingfors:Swedish School of Eeonomics, Finland, 1994:154.

感知服务质量

N

服务水平

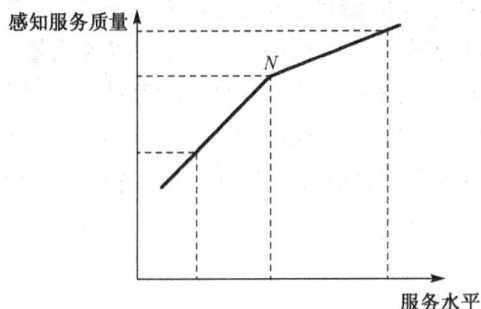

图 3-19　非线性质量函数图形

资料来源：Strandvik T., Tolerance Zones in Perceived Service Quality. Helsink/Helsingfors：Swedish School of Economics, Finland, 1994：154.

图 3-19 说明的是，当服务水平达到某一点后，服务水平虽然提高得很快，但顾客感知服务质量水平提高得却相对缓慢，由此而形成了一条较为平缓的质量函数曲线。这条曲线的含义是：在平均的顾客期望水平上，给顾客造成坏的质量印象比利用质量提高来取悦于顾客要容易得多。另外一个结论是，对于服务提供者来说，保持相对稳定的质量水平是非常重要的（图中的 *N* 点），因为如果低于这个水平，顾客感知服务质量下降的速度会急剧地加快。而在 *N* 点之上，要想提高顾客感知服务质量也是非常困难的（平缓的曲线说明了这一点），企业必须付出加倍的努力，才能使顾客感知服务质量有所提高。从图形中可以非常清晰地看出这一点，服务水平增加的"量"远远大于顾客感知服务质量提高的"量"。例如，如果一家网上商店对顾客的询问或订货的回应慢于顾客认为的正常速度，那么，通过加快回应速度（即缩短回应的时间），则会对顾客感知服务质量产生较强的影响作用。但是，当超过了某一个顾客所认为较为恰当的反应时间后，企业再加快回应速度，对顾客感知服务质量影响的作用就会出现递减的趋势。

这两种论述方法虽然角度不同，但所说明的问题是一致的，它们都解释了顾客的期望特性并不是完全相同的，而不同的期望特性与服务绩效之差（$P - E = SQ$），即感知服务质量的函数形状也是不尽相同的，这些结论对于我们强化顾客期望管理具有重要的意义。

当然，也有的学者对期望与绩效之间的关系持另外一种态度。最典型的就是我们前面多次提到的克罗宁和泰勒（Cronin & Taylor, 1992；1994）、蒂斯（Teas, 1993），还有波尔顿和德鲁（Bolton & Drew, 1991）。不过，这几位学者的观点也不尽相同。像克罗宁和泰勒对期望的概念是持完全否定态度的，他们的 SERVPERF 评价方法正是建立在这样与 PZB 的 SERVQUAL 完全不同的理论基础之上的。在 1992 年和 1994 年连续发表的两篇文章中，他们都反复阐述了这样的观点：顾客感知服务质量只受到感知绩效的影响，而与期望无关。期望与绩效的比较是决定顾客满意的方法，而不是决定顾客感知服务质量的方法，并列举了丘吉尔等人实证研究的观点，而蒂斯则是试图对 PZB 在 SERVQUAL 中所采用的期望指标特性做出修正。波尔顿和德鲁则认为，绩效与期望之间的差异对顾客感知服务质量是有影响的，但这种影响是一种"调节作用"，而不是决定作用（Only to Mediate, Not Define, Consnmers' Perceptions of Service Quality）。

不管这些学者们对格罗鲁斯和 PZB 所创建的"差异分析"来决定顾客感知服务质量的方法存在着多少异议，作者的观点是，其他的顾客感知服务质量评价和分析方法都不具有"差异分析"科学的理论基础。但是，近年来，国外学者对这两种服务质量评价方法进行了大量的实证研究，得出的结论大多认为 SERVPERF 优于 SERVQUAL，反对 SERVQUAL 评价方法的呼声日渐高涨。对这两种方法优劣的评价，我们将在下一章进行，在此不进行更深入的探讨。

二、服务经历标准

顾客以前也许有过接受本企业或其他服务提供者服务的经历，这些经历（Past Experience）会成为他们判断某个企业服务水平的标准。

按照格罗鲁斯、PZB 等所有重要学者的观点，服务期望必然受到顾客以往服务经历的影响，上一次服务经历无疑会成为本次服务期望一个非常重要的决定因素。因此，我们下面将转换角度，以顾客服务经历为研究的切入点，开展对顾客期望的研究。

（一）服务经历概念变革历史回顾

最早对服务经历对顾客满意影响的研究是由拉托和皮特（Latour & Peat N., 1970；1980）展开的。当时他们研究的对象主要是玻璃板清洁剂这种产品。经过研究他们发现：以前的服务经历是影响顾客满意最重要的因素。但这项研究是基于顾客满意理论而不是顾客感知服务质量理论的研究，对顾客感知服务质量评价过程中决定要素的研究只能起到一种借鉴作用。

斯旺和马丁（Swan & Martin, 1981）也对服务经历对顾客满意的影响问题进行了研究。同时，斯旺和特拉维克（Swan & Trawick, 1982）还对餐饮业中预期服务和"最理想选择"（Favorite Alternative，相当于我们下面所说的"最优品牌标准"）间的关系问题进行了探讨。

对服务经历对顾客感知服务质量影响研究得较为深入的是卡多特、伍德拉夫和简金（Cadotte, Woodruff & Jenkins, 1983）这三位学者。通过对餐饮业的研究，他们提出了最好品牌标准（Best Brand Norm）、产品类别标准（A Product Type Norm）和品牌标准（Brand Norm）的概念。这三个标准基本上构成了顾客在服务质量判断问题上的"标杆"（Benchmarking）。

最好品牌标准是指顾客所认定的最好的服务水平，它可能由行业中的品牌领导者决定，也可能由所有产品服务中的最优秀的企业决定，这取决于两者形象强度的对比。产品类别标准是指一个产品类别中最好的产品或服务水平，它是由行业的领导品牌所决定的。

而品牌标准则是指顾客以前接受的服务对他以后服务感知的影响和所确立的标准。如果顾客只接受过一个餐馆的服务，那么，品牌标准就是一致的，甚至与预期服务完全吻合。卡多特、伍德拉夫和简金当时研究了三种类型的餐馆（家庭式餐馆、快餐店和高档餐馆）。对每个接受测试者分别按预期服务、产品类别标准、品牌标准和最好品牌标准对服务质量从 10 个方面（食品质量、菜单类型、服务、员工友善情况、餐厅环境与装修、洁净程度、餐馆位置、方便性、价格/价值和员工服务水平）进行度量。上述标准由顾客在用餐前进行评价，而绩效标准则是在用餐后由顾客进行评价。他们研究的结果证明：最优品牌标准和产品类别标准是衡量顾客满意最好的标准。

不同的学者由于采用的研究方法和研究的领域不同，所得出的结论也不尽相同。巴比欧（Barbeau，1983）曾对学生的 MBA 课程问题进行了研究，所采用的比较标准包括：预期服务、过去类似课程的经历（相当于 Product Norm）和理想的课程设置。结果发现：对学生满意影响最大的是绩效，其次是与理想的比较，最后是过去类似课程的经历；而预期和满意之间没有任何关系。波尔顿和伍德拉夫（Bolfin & Woodruff，1988）则通过对一种名为 Chablis 葡萄酒的研究后发现，不同时段，不同情境，影响顾客满意的因素不同。在高接触情况下，品牌准则非常重要，然后是产品准则，再后是预期。

（二）对服务经历标准的深层次探讨

不同的学者对服务经历在顾客感知服务质量形成过程中的作用认识却十分不统一，作者的观点是建立在服务经历基础之上的三个期望标准，即最好品牌标准、产品类别标准和品牌标准，它们的关系取决于顾客以前所接受服务的深度和广度。所谓深度是指顾客接受同一类型服务的次数，例如，顾客下榻五星级酒店的次数，次数越多，则顾客越有可能在期望形成和服务质量评价过程中采用产品类别标准，反之亦然。如果顾客第一次到五星级酒店住宿，那么，极有可能出现两种情况：第一，顾客根本没有服务期望，因为他不了解一个五星级酒店到底应当是什么样的，特别是对于服务的有形要素（Servicescape），如停车场应当是什么样的、游泳池应当是什么样的等不了解；第二，采取期望"映射"的方法，将其他行业的服务标准"映射"到现在所接受的服务中来。例如，该顾客在银行业接受了"微笑"服务，那么，他会将这一标准映射到酒店业中来，包括其他的服务标准。在这两种情况下，服务质量维度中的 5 个指标，移情性、保证性、响应性和可靠性显然比有形性要重要得多。当然，我们此处所说的有形性主要指其中的设施等，而不包括其他相关顾客。

顾客接受服务的广度则是指顾客接受不同行业服务的次数，顾客与顾客之间在这个问题上存在着一定的差异。例如，没有汽车的顾客肯定不会接受过汽车保险的服务，而一个身体强壮的人，也无法对医院服务质量好坏形成科学的判断。一般来说，顾客接受服务的广度越广，那么，他越有可能形成最优品牌标准，反之亦然。

图 3-20 表述了这几个比较标准之间的关系。我们认为，在不同的行业，不同的标准在顾客期望的形成过程中所起的作用可能不同。除了我们上面所说的顾客以前所接受的服务深度与广度，还可能与顾客的投入程度（Involvement）有关。如果顾客的投入程度很高，那么，顾客就有可能采取最优品牌标准；相反，如果顾客的投入程度很低，顾客则有可能会采取品牌标准。因为在顾客所接受的服务深度与广度相同的情况下，顾客要形成自己的最优品牌标准，必须付出额外的信息搜寻成本。但如果顾客所接受的服务非常重要，顾客的投入也非常大，顾客就有可能乐于付出这种额外的信息搜寻成本，以保证自己所接受的服务达到满意状态。

鉴于此，在本书中，我们所做的 SERVQUAL 和 SERVPERF 调查表中的"良好服务的企业应当……"（These Institutions Should…）指的全部是这三个标准中的中间指标，即产品类别标准，而不是品牌标准或最优品牌标准。这与李亚德尔（Liljander，1995）曾经做过的一项调查结果是基本吻合的。当时，李亚德尔的研究对象为 3 家餐馆，调查结果显示，在所有的期望形成影响要素和比较标准中，产品类别标准的信度(Cronbach's Alpha)是最高的，达到了 0.96；而最优品牌标准和品牌标准则均为 0.91。

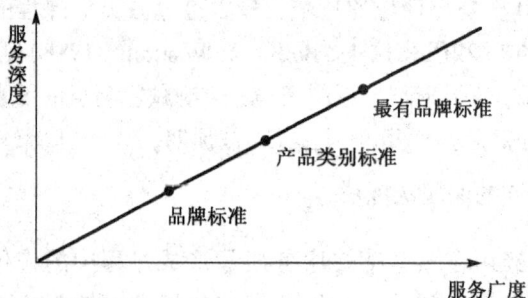

图 3-20　期望标准与服务深度、广度关系示意图

三、适当服务

前面我们已经对适当服务及其决定要素进行了一定程度的探讨。本节将从适当服务这一比较标准的产生和内涵入手，对其进行更为深入的研究。

"适当服务"(Minimum Acceptable Level or Adequate Service)是顾客感知服务质量评价中一个非常重要的指标，它源自于米勒(Miller，1977)所提出的"最低可容忍服务"(Minimum Tolerable Service)这一概念。他认为，所谓最低可容忍服务就是服务的最低限度(Better Than Nothing)，它所表明的是顾客认为企业的服务必须是什么样的(Must Be)。服务超过最低可容忍服务，顾客不一定满意，如服务水平处于最低可容忍服务和预期服务之间，那么，顾客可能依然不满意。根据作者掌握的材料，只有吉利、克罗恩、巴里(Gilly，Cron & Barry，1983)和李亚德尔(Liljander，1995)对这个结论做过实证性研究。吉利等人当时研究的是学生的分数问题，即"你认为你可能得到的考试最低分数是多少?"(最低可容忍分数)，其他标准主要是理想分数(Ideal Grade)、应得的分数(Deserved Grade)和预期分数(Predicted Grade)。PZB(1991)引进了适当服务的概念。他们认为：虽然顾客期望得到他们理想的服务，但他们知道，这并不总是可能的。我们将更低的期望称为"适当服务"，这是一个顾客可以接受的服务水平。它与米勒(Miller，1977)的最低可容忍服务和伍德拉夫(Woodruff，1991)的经历准则是基本相同的。

PZB(1991)还对预期服务与适当服务的关系进行质疑。在这个问题上，他们的观点与米勒(Miller，1977)的观点截然相反。按照米勒的观点，最低可容忍服务永远不会超过预期服务，原因在于顾客不会接受一个他无法接受的产品，除非他没有其他选择；而 PZB 的观点则是，适当服务虽然是顾客适当的服务的最低水平，但在顾客看来，它们依然是良好的服务，至少不是糟糕的服务。解释这个理论的模型就是容忍区域模型。

但 PZB(1994b)在度量适当服务质量时遇到了许多困难。由于许多顾客并不清楚适当服务和理想服务之间的区别，所以在度量感知服务质量时，这个指标的运用是相当困难的。他们利用 SERVQUAL 方法，采用的标准包括适当服务和理想的服务，分值从 1 到 9，分别与绩效进行比较。结果发现，有时理想服务与绩效比较后的平均数比适当服务与绩效比较后的平均数要大。这说明，在有些时候，适当服务水平有时比理想服务水平还要高。在此前进行的一次调查中，他们也发现了类似的现象，即顾客无法区分两者。

李亚德尔和斯特拉迪维克（Liljander & Strandvik，1995）也利用 SERVQUAL 进行过调查，但得出的结论却与 PZB 的结论有相当大的差异。他们经过调查后发现，适当服务是一个较好的用来度量顾客满意和服务质量的指标，其信度指标达到了 0.92（克伦巴赫系数）。这说明，在度量顾客感知服务质量和顾客满意时，适当服务都是一个较为恰当的指标，尽管有时顾客可能对这个指标并不十分理解。

另外，需要注意的是，米勒的最低可容忍服务（Minimum Tolerable）不能与 PZB 所提出的适当服务（Adequate Service）直接进行比较，尽管我们在翻译和运用时常常忽略两者之间的差异。在 PZB 的容忍区域中，顾客适当服务为容忍区域的下限，只要服务达到了这个下限，顾客就会满意。但按照米勒的观点，达到最低可容忍服务，顾客却不一定满意。

四、应得的产品或服务

应得的产品或服务（Deserved Product）由米勒（Miller，1977）提出。按照他的观点，应得的产品是指："……在考虑到自己的投资后，顾客应当得到的绩效"（Ought to Be or Should Be）。戴伊（Day，1977）也认为，在研究顾客满意时，顾客期望的成本和付出也应当考虑在内。

吉利（Gilly，1980）曾调查过顾客，询问他们对抱怨处理的理想方式。顾客对应得的服务的解释是"企业是否对我的支出和给我带来的不便进行了补偿"。

需要明确的是，应得的产品或服务从某种意义上说，更应当是顾客满意研究领域的概念，而不属于感知服务质量的范畴，从这个指标自身的特性我们可以看出这一点。顾客满意是顾客对某一次特定的交易所产生的心理状态，而交易的核心是所得与付出之间的比较，应得的产品或服务符合这个特性。而顾客感知服务质量的其他指标，如理想服务质量（Ideal or Desired Service）这一指标中并没有"掺杂"所得与付出之间的比较问题。产品类别标准和品牌标准等指标同样具有这个特点。

再者，由于应得的产品或服务通常与顾客满意理论相互关联，而且牵涉到顾客的所得与付出问题，所以，有些学者在研究这个指标时将其与公平理论有机地结合起来。典型的如费斯克和克尼（Fisk & Coney，1982）、斯旺和奥利弗（Swan & Oliver，1985），还有李亚德尔（Liljander，1995）等。

第五节　顾客感知服务质量比较标准

一、正确理解服务特性的意义

服务质量各特性的作用是不同的，在前面我们曾经对服务期望的特性做过一次分类，即将服务特性区分为向量特性和典型理想点特性。这种分类会帮助我们弄清服务期望与服务绩效之间的互动关系。但从顾客感知服务质量管理角度来说，仅有这种分类显然是远远不够的。管理心理学者赫茨伯格(F. Herzberg)在激励问题中所提出的双因素理论对于我们进一步研究这个问题会有所启发。

在所有的服务特性中，有些可以归入到满意特性(Satisfier)的范畴，而另一些是不满意特性(Dissatisfier)。这两个概念的具体含义是：有些特性对顾客满意非常重要，而另外一些特性虽然对顾客满意形成并不具有特别重要的意义，但却更容易导致顾客不满意(Myers & Alpert, 1968；Swan & Combs, 1976；Cadotte & Turgeon, 1988)。这就提出了一个问题：在衡量顾客满意或不满意时，能否采用同一套指标？因为即使对于同一个产品，顾客可能对产品的有些特性满意，而对另外一些特性则不满意。那么，有没有必要设置两套指标体系来分别度量顾客的满意度和不满意度呢？

而西尔维斯特罗和约翰斯通(Silvestro & Johnston, 1992)则是将服务特性分为保健特性(Hygiene Factors)和强化特性(Enhancing Factors)。当时他们调查的结果显示，除了"友善"(Friendliness)为完全的强化特性外，其他特性都可以归入满意或不满意特性。通过回顾学者们在这个方面曾经进行过的研究，我们可以大致得出这样几个结论。

(一)不同的服务特性之间存在着差异

我们通过对这些学者观点的研究可以发现，有些服务特性在顾客质量感知形成过程中所起的作用比另外一些要大。这种差异的"度"取决于行业的特点，取决于企业的特点，也取决于顾客自身的特点。这三个方面的差异化导致了服务特性的差异化。例如，在PZB所罗列的服务质量5个维度中，从银行业角度来讲，顾客在服务质量感知过程中，要求最高的肯定是可靠性，然后才能谈得上其他特性。而对于一家酒店来说，可靠性固然重要，但它可能不是最重要的特性，响应性和有形性可能更为重要。在酒店业，顾客对不同类型的企业的服务特性重要程度的评价存在着明显的差异。

(二)适当服务所牵涉的是服务的保健特性，而强化特性一般不会落入适当服务的范畴

虽然PZB在修正SERVQUAL评价方法中已经开始注意这个问题，并试图解决这个问题，但他们并没有完全说明顾客适当服务的含义到底是什么，企业如何界定这些特性。我们可以将服务特性中的三个概念，保健特性、强化特性、满意/不满意特性之间的关系总结如图3-21所示。

从图3-21我们可以看出，构成顾客理想的服务和最好品牌标准的服务特性一般要具有强化特性，而产品类别和品牌标准牵涉到的特性大多具有保健特性，再往后，适当服务则具有满意或不满意特性的特点。

把握这一点，对于我们搞好服务质量的管理具有特别重要的意义。在提高顾客感知服务质量过程中，把握好强化特性的管理具有决定性的意义，结合容忍区域理论，将服务质量控制在顾客容忍的限度之内，就可以在降低服务成本的基础上，达到顾客满意的目的。

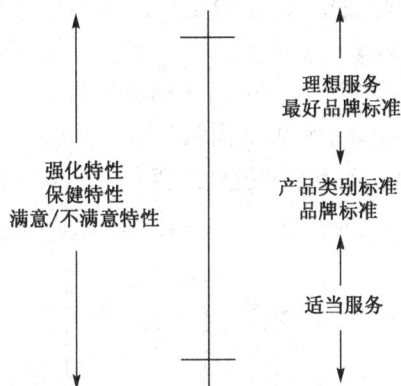

图 3-21 各种服务标准与服务特性之间的关系

二、服务特性问题总结

如果顾客采用不同的标准来衡量服务质量，那么，得出的结论可能迥然不同。在度量服务质量时，顾客可能会利用他当时想到的许多种方法（Woodruff，1991）。顾客面临的现实选择越多（标准越多），他不满意的风险就越大（Olander，1977）。同时，竞争对手的绩效也会影响顾客对本企业服务的评价。有时顾客自身条件发生变化，也会导致他的评价标准发生变化，如原来单身的顾客结婚、生子后，会采用不同的标准来评价服务。伍德拉夫认为，现在还没有一种有效的方法来度量顾客对服务质量是否满意（Woodruff，1991）。所以在实践中，真正了解顾客到底采用什么样的方法来衡量服务质量也许是不可能的。

学者们以前在比较服务质量和顾客满意时，采用的只是一个单一的指标——预期服务。但米勒（1977）率先将最低可容忍服务、应得的产品或服务以及理想的服务等比较标准引入顾客满意理论研究领域，他同时还研究了感知绩效对顾客满意的影响。这些观点基本上都被借用到服务质量度量之中。我们可以用图3-22对前面所研究过的服务特性加以归纳、总结。

第一种情况（Case A）：实际服务水平（P）高于顾客理想的水平，也高于顾客认为应当得到的服务水平（D）和预期的服务水平（E），此时顾客会满意（Satisfied）。

第二种情况（Case B）：实际服务水平（P）低于顾客理想的水平，但高于顾客认为应当得到的服务水平（D）和预期的服务水平（E），此时顾客也会满意。

第三种情况（Case C）：实际服务水平（P）、顾客认为应当得到的服务水平（D）和预期的服务水平（E）正好重叠，顾客可能满意，也可能没有什么感觉（中性）。

第四种情况（Case D）：实际服务水平（P）低于预期的服务水平（E），但高于顾客认为应当得到的服务水平（D），此时顾客会失望（Disappointed），或者是没有满意（Unsatisfied）而不是不满意（Dissatisfied）。

第五种情况（Case E）：实际服务水平（P）低于顾客认为应当得到的服务水平（D）但高于预期的服务水平（E），此时顾客会不满意。

第六种情况(Case F)：实际服务水平(P)低于顾客认为应当得到的服务水平(D)和预期的服务水平(E)，顾客会不满意。

第七种情况(Case G)：实际服务水平(P)不但低于顾客认为应当得到的服务水平(D)和预期的服务水平(E)，而且还低于顾客适当服务水平，此时顾客会极度不满意，但如果顾客没有选择的话，他仍然会继续接受企业提供的服务(在第六种情况下也如此)。

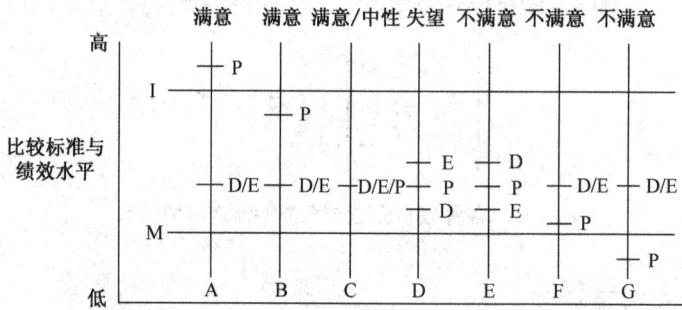

图3-22　不同比较标准与绩效和顾客满意的关系

资料来源：根据 Miller, John A., Studying Satisfaction, Modifying Models, Eliciting Expectations, Posing Problems, and Making Meaningful Measurements, in：H. Keith Hunt(ed.)：Conceptualization and Measurement of Consumer Satisfaction and Dissatisfaction, Report NO. 77-103(May)，Cambridge, Massachusetts：Marketing Science Institute, 1977：72-91.有关资料绘制。

其中：E = 预期可能的绩效(Expected Probable Performance)

M = 适当服务质量(Minimum Tolerable or AdequateService)

D = 应当得到的服务(Deserved Product)

I = 理想绩效(Ideal or Desired Performance)

P = 感知的实际绩效(Perceived Actual Performance)

需要特别注意的是，在科学技术飞速发展的今天，由于企业与顾客之间的信息对称性在逐步平衡，所以顾客有可能更加倾向于采用其他行业的理想服务标准来对企业所提供的服务质量做出评价。一项跨行业的顾客满意度比较报告(Barsky, 1999)指出了一个重要的经验教训：某一行业的顾客期望值受其他行业设定的标准影响。例如，表现卓越的联邦快递(Federal Express)公司做业务的人，会把他们的体验同银行及其他服务型公司进行比较。一家公司所提供服务的质量，将根据其他行业类似服务的衡量标准进行评估。一家公司的服务速度只有赶上或超过所对应的其他行业的服务速度，才可算是最快的。

对服务质量比较标准的细致分析，将为我们创建顾客感知服务质量评价方法和进行科学的服务管理奠定坚实的理论基础。从这个意义上说，前三章是服务质量评价与管理研究的基础理论部分，也是我们进一步研究的必由之路。

小　结

服务质量的评价应建立在对服务质量内涵的深刻把握上。而对服务质量内涵的把握，一个最有效也是最科学的途径，就是深入研究不同的学者所创建的不同的服务质量模型。

这些服务质量模型揭示了不同的学者对于服务质量的理解，如服务质量的内涵，服务质量决定要素和服务质量的度量方法。

不同的学者对服务质量管理有着不同的理解，因此也就诞生了一系列相对应的顾客感知服务质量模型。在本章中，我们选择了其中影响较大的格罗鲁斯模型、PZB 模型和李亚德尔-斯特拉迪维克关系质量模型分别从其诞生、修正以及评价等方面进行细致的阐述。不同的模型有着不同的适用情景，相比之下，各自既有独到之处，也存在着无法避免的缺陷。只有根据不同情景，选择恰当的模型才能实现最佳的评价结果。

此外，本章还对如何衡量感知服务质量，特别是对期望、绩效以及感知的度量等许多方面进行了科学的界定，为顾客感知质量度量提供了准则。对服务质量比较标准的细致分析，将为我们创建顾客感知服务质量评价方法和进行科学的服务管理奠定坚实的理论基础。

思　考

1. 简述格罗鲁斯顾客感知服务质量模型，对模型进行解释，并简述该模型对管理的意义。
2. 简述 PZB 服务质量差距模型，对该模型进行解释。
3. 简述李亚德尔-斯特拉迪维克关系质量模型。
4. 简述理想服务和适当服务的区别。
5. 对期望与绩效关系进行分析。

第四章
顾客感知服务质量管理评价方法

在第三章我们介绍了顾客感知服务质量的几个较为常用的模型以及度量标准。虽然诸多学者对顾客感知服务质量的基本内涵和框架已经有了共识，但是，对于如何去衡量感知服务质量，用什么样的评价方法去获取最终的顾客感知服务质量的结果，尚存在较多的分歧，不同的学者根据自己的见解提出了自己的看法。所以，本章主要介绍基于对顾客感知服务质量的理解所创建的不同的顾客感知服务质量模型，通过这种方法来揭示服务质量的内涵、服务质量的决定要素和服务质量的度量方法。因此，本章将着重介绍如 SERVQUAL、SERVPERF、加权绩效评价方法、归因模式、"非差异"评价法、关键事件技术等主要的服务质量评价方法。

第一节 SERVQUAL 服务质量评价方法

一、SERVQUAL 评价方法的由来

SERVQUAL 为英文"Service Quality"（服务质量）的缩写。SERVQUAL 的首次出现是在20 世纪 80 年代末由美国市场营销学家普拉苏拉曼（A. Parasuraman）、约瑟曼（Zeithaml）和白瑞（Berry）三人发表在 *Journal of Retaling* 上的一篇名为 *A Multiple-Item Scale for Mearsuring Consumer Perceptions of Service Qulity*（《一种多变量的顾客感知质量服务、质量度量方法》）的文章。它是一种建立在对顾客期望服务质量和顾客接受服务之后对服务质量感知的基础之上的依据全面质量管理理论而提出的全新服务质量理论。它的核心内容是"服务质量差距模型"（也称期望-感知模型），即服务质量取决于顾客所感知的服务水平与顾客期望的服务水平之间的差距程度，用户的期望是开展优质服务的先决条件，提供优质服务的关键就是要超过用户的期望值。SERVQUAL 评价方法主要包括衡量服务质量的五个评价维度，即有形性、可靠性、响应性、保证性、移情性。这五个层面又可以细分为若干个不同的问题，通过问卷调查、顾客打分等形式让顾客针对每个问题给出实际服务感知的分数、最低可接受的分数以及期望服务水平的分数，然后通过综合计算得出服务质量分数（具体参照依据可参见图 4-1）。

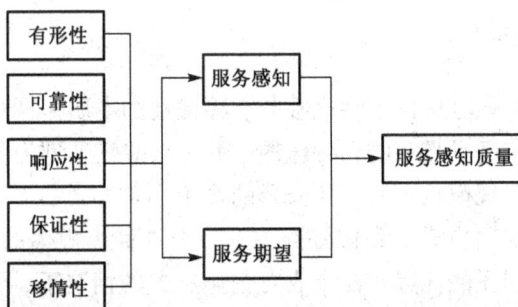

图 4-1 SEVQUEL 评价方法结构图

SERVQUAL 评价方法对顾客感知服务质量的评价是建立在对顾客期望服务质量和顾客接受服务后对服务质量感知的基础之上的。PZB 提出的衡量服务质量的五个评价维度包括有 22 个问项的调查表，学者们后来将其称为 SERVQUAL 评价方法。以下是这五个维度。

(一)有形性(Tangibles)

有形性包括了实际设施、设备以及服务人员的外表等。所有这些都被提供给顾客，特别是新顾客用来评价服务质量。在战略中强调有形展示的服务行业主要包括顾客到企业所在地接受服务的服务类型，如餐馆、饭店、影院等。尽管有形性经常被服务公司用来提高形象、保持一致性及向顾客标明质量，但是大多数公司还是把有形性和质量维度结合起来建立服务质量。相比之下，不注意服务策略中有形性维度的公司可能混淆。在具体的操作上，分别是问卷中的第 1 ~ 4 问项(见表 4-1，下同)。

(二)可靠性(Reliability)

可靠性是可靠地、准确地履行服务承诺的能力。从更广泛的意义上说，可靠性意味着公司按照其承诺行事，包括送货、提供服务、问题解决及定价方面的承诺。顾客喜欢接受信守承诺的公司的服务，特别是那些能信守关于核心服务质量方面的公司。在调查表中，为第 5 ~ 9 问项。

(三)响应性(Responsiveness)

响应性是指帮助顾客并迅速地提高服务水平的愿望。该维度强调在处理顾客要求、询问、投诉和问题时的专注和快捷。响应性表现在顾客在获得帮助、询问的答案及对问题的解决前等待的时间上。响应性也包括为顾客提供其所需要服务的柔性和能力。在调查表中，为第 10 ~ 13 问项。

(四)保证性(Assurance)

保证性是指员工所具有的知识、礼节以及表达出自信与可信的能力。在顾客感知的服务包含高风险或其不确定自己有能力评价服务的产出时，如银行、保险、证券交易、医疗和法律服务，该维度可能非常重要。在调查表中，为第 14 ~ 17 问项。

(五)移情性(Empathy)

移情性是指关心并为顾客提供个性化服务。移情性的本质是通过个性化的或者顾客化的服务使每个用户感到自己是唯一的和特殊的，用户能够感受到为他们提供服务的公司对他们的足够理解和重视。规模较小的服务公司的员工通常知道每个用户的姓名等信息，并且与用户建立了表示了解用户需要和偏好的关系。当这种小规模的公司与大企业竞争时，移情能力可能使其具有明显的优势。在企业对企业服务的情况下，用户想要供应商理解他们所处的行业和面临的问题。即使大型企业有较丰富的资源，小企业仍被认为更了解用户的问题和需要，并且能够提供更加顾客化的服务。在调查表中，为第 18 ~ 22 问项。

对于每一个指标，在 SERVQUAL 标尺中都计算出顾客感知到的服务与所期望的服务之间的差距，即 $Q_i = P_i - E_i$，其中 Q_i 表示该指标上的服务质量差距，P_i 代表顾客对该指标服务实际的评价，E_i 代表顾客对该指标期望的评价。总体服务质量即为各个指标上服务质量差距的加权平均，即 $Q = \sum I_i \times Q_i$，其中，I_i 为指标的权重。

表 4-1　PZB 的 SERVQUAL 量表

要　　素	组成项目
有形性	1. 有现代化的服务设施 2. 服务设施具有吸引力 3. 员工有整洁的服务和外表 4. 公司设施与他们所提供的服务相匹配
可靠性	5. 公司向顾客承诺的事情能及时地完成 6. 顾客遇到困难时，能表现出关心并提供帮助 7. 公司是可靠的 8. 能准确地提供所承诺的服务 9. 正确记录相关的服务
响应性	10. 不能指望他们告诉顾客提供服务的准确时间* 11. 期望他们提供及时的服务是不现实的* 12. 员工并不总是愿意帮助顾客* 13. 员工因为太忙以至于无法立即提供服务，满足顾客需求*
保证性	14. 员工是值得信赖的 15. 在从事交易时顾客会感到放心 16. 员工是有礼貌的 17. 员工可以从公司得到适当的支持，以提供更好的服务
移情性	18. 公司不会针对不同的顾客提供个别的服务* 19. 员工不会给予顾客个别的关怀* 20. 不能期望员工了解顾客的需求* 21. 公司没有优先考虑顾客的利益* 22. 公司提供的服务时间不能符合所有顾客的需求*

资料来源：A. Parasuraman, V. A. Zeithamal, L. L. Berry. SERVQUAL: A Multiple-Item Scale for Mearsuring Consumer Perceptions of Service Quality. Journal of Retailing, Vol. 64, No. 1, Spring, 1988: 12-40.

注：① 问卷采用 7 分制，7 表示完全同意，1 表示完全不同意。中间分数表示不同的程度。问卷中的问题随机排列。

② * 表示对这些问题的评分是反向的，在数据分析前应转换为正向得分。

该模型自提出以来已经被管理者和学者广泛使用。尽管服务质量评价方法门类较多、方法繁多，但 SERVQUAL 评价方法无疑是其中最重要的方法，因为它不仅是一种度量服务质量的方法，同时也为其他一些评价方法在不同程度上起了借鉴作用。随着该模型的普遍推广，目前该模型已被广泛应用到服务业和管理层面的方方面面。

二、SERVQUAL 评价方法的具体步骤

SERVQUAL 评价方法是一种建立在服务质量五个维度基础之上的衡量顾客感知服务质量的工具。它通过对顾客感知到的服务与所期望的服务之间的差距的比较分析来衡量。具体的评价步骤可以分为以下两步。

(一) 顾客通过调查问卷打分

根据 PZB 的 SERVQUAL 量表，通常调查问卷有 22 个指标，被调查者根据其服务的实际体验来回答问题(每个指标的分值都采用 7 分制，分值从 7 分到 1 分分别代表着"完全同意"至"完全不同意")，说明他们期望的服务质量和感知的服务质量，由此确定总的感知服务质量的分值。分值越高，说明被调查者期望的服务质量和实际感知的质量的差距越大，也即顾客感知的服务质量越低。

(二) 计算服务质量的分值

对服务质量进行评价实际上就是对得到的各指标的分值进行计算。顾客的实际感受与期望往往不同。因此，顾客对某一问题的打分存在差异，这一差异就是在这个问题上服务质量的分数，用式(4-1)表示。

$$SQ = \sum_{i=1}^{22} (P_i - E_i) \tag{4-1}$$

式中：SQ——SERVQUAL 评价方法中的总的感知服务质量；

$\quad P_i$——第 i 个问题在顾客感受方面的分数；

$\quad E_i$——第 i 个问题在顾客期望方面的分数。

式(4-1)表示的是单个顾客的总的感知质量。所得的总分值平均(除以 22)后就得到了单个顾客的 SERVQUAL 分值。然后把调查中所有顾客的 SERVQUAL 分数加总后再除以顾客的数目就得到了企业的平均 SERVQUAL 分数。

当然，式(4-1)中存在一个假定条件，即对于企业提供服务的五个属性来说，在每个顾客心中的重要程度是相同的，即所占权重是一样的。但在实际生活中，显然不同的服务其五个属性在每个顾客心中所占的分量是各不相同的。例如餐饮企业的顾客认为这五个属性中保证性最重要，而软件企业的顾客则不一定认为保证性是最重要的，他们认为可靠性更为重要。因此，在评估企业服务质量时要进行加权平均。在式(4-1)的基础上可以得到加权计算的公式，见式(4-2)。

$$SQ = \sum_{j=1}^{5} W_j \sum_{i=1}^{R} (P_i - E_i) \tag{4-2}$$

式中：SQ——SERVQUAL 评价方法中的总的感知服务质量；

$\quad W_j$——每个属性的权重；

$\quad R$——每个属性的问题数目；

$\quad P_i$——第 i 个问题在顾客感受方面的分数；

$\quad E_i$——第 i 个问题在顾客期望方面的分数。

PZB 指出了"感受–期望"差异理论不同于传统意义上的"顾客满意/不满意"模型中的"期望不一致观点"。"感受–期望"差异理论体现的是一种与特定标准的比较关系，而不是描述期望的服务与获得的服务之间的具体差别，该理论及上述的式(4-1)和式(4-2)不是用来预测的模型，而是一套用来评估与"感受–期望"相关的感知服务质量的评估方法。

三、SERVQUAL 评价方法的应用

SERVQUAL 评价方法在服务性企业管理中有着广泛的应用,用以理解目标顾客的服务需求以及感知,并为企业提供了一套管理和度量服务质量的方法。该模型既可以横向地与同一行业的不同企业的服务水平做出比较,结合其他的评价手段,找出本企业在服务质量上与其他企业存在的差距,从而找出弥补差距的途径与方法,也可以纵向地了解企业内部在服务水平上所存在的问题,有利于企业及时弥补服务的缺陷,提高服务质量水平。此外,还可以结合其他的评价方法对企业未来的服务质量进行较为准确的预测等。

(一)能够更好地了解顾客的期望与质量感知的过程

通过 SERVQUAL 评价方法的应用,可以更好地了解顾客的期望与质量感知的过程,从而达到提高服务质量的目的。SERVQUAL 评价方法的五个维度并非是一成不变的,这一特点使得服务质量的五个维度可以在应对不同的行业时进行"微调",以满足对不同行业的服务质量进行评价。

(二)能够横向地比较分析行业内的服务水平

运用 SERVQUAL 评价方法可以结合其他的评价方法对同一行业的不同企业的服务水平进行比较分析。通过计算本企业现在的服务水平与其他企业的服务水平的差距,可以更好地做出决策提高企业的服务水平。该模型不仅可以分别计算出服务质量的各个维度的水平,也可以找出各维度中对顾客感知影响较大的部分,从而使企业可以有针对性地找到影响顾客感知的关键问题,有利于采取果断措施,提高服务质量。

(三)能够预测企业服务质量的发展趋势

定期地利用 SERVQUAL 评价方法,在结合其他评价方法的基础上可以较好地预测企业服务质量的发展趋势。SERVQUAL 评价方法是一种基于顾客的服务质量评价方法,按照 PZB 的观点,他们谈及的顾客不仅包括普通的顾客,也包括企业的员工,通过对企业员工的调查,我们可以更好地找出影响、阻碍企业良好服务向顾客传递的途径,从而找到解决这一问题的方法。

(四)有助于改善企业服务质量

通过不同顾客群体对服务质量维度重要性的认知,找出在不同文化背景下,顾客感知服务质量方面的差异。由于文化背景的差异,顾客对服务质量的定义与要求是不同的。通过对不同文化层次的顾客进行分层抽样,我们可以得出顾客对服务质量的五个维度的感知情况,从而可以有侧重点地对影响企业服务质量的因素进行改善。

(五)能够有针对性地对顾客进行分类

此外,SERVQUAL 评价方法还有一个重要应用,就是它可以针对每一个单独的顾客对 SERVQUAL 得分,对其进行分类,从而可以更加方便地找到目标顾客。经过对参与调查顾客评分情况的分析和分类,以及度量顾客对各维度重要性的认识,可以对顾客做出更多有

益的分类，以考察评分较高的顾客接受服务的次数。如果评分较高，同时又接受过企业的服务，那么这些顾客成为企业忠诚顾客的可能性就比其他类型的顾客要大得多。

但 SERVQUAL 评价方法所得出的结论不一定适用于所有行业，为此 PZB 提出两点：一是将 SERVQUAL 评价方法应用于不同的行业时，必须对表中的问项做出适当的调整，这样才能保证 SERVQUAL 评价方法的科学性；二是如果需要的话，对服务质量的五个维度也可以做出适当的调整，以满足不同类型企业进行研究的特殊需要。由此我们不难看出该方法自从诞生之日起，PZB 就将其视为一种动态的服务质量度量的方法。所以，在几十年里，PZB 对这种方法进行了多次的修正。

四、SERVQUAL 评价方法的修正

不可否认地说，SERVQUAL 评价方法的诞生对于服务管理界来说是一个历史性的突破，SERVQUAL 评价方法有效地解决了服务质量这一主观性强而难以量化和度量的历史难题。但是，任何一种理论、任何一种方法在其应用之处有缺陷是难以避免的，自然 SERVQUAL 评价方法也有着一定的不足。例如，很多研究表明，决定服务质量的五个属性对于某些服务企业可能是有意义的，但对于另外一些服务企业而言意义可能不大；此外，SERVQUAL 所选择的 22 个指标也存在同样的问题等。因此，自 20 世纪 90 年代以来，PZB 对 SERVQUAL 评价方法进行了多次的修改与完善。比如说与期望相关的概念上的不明确等，1990 年他们提出了"修正的期望评估"，把顾客期望较为明确地定义在卓越质量水平，在问卷调查中，要求回答者更集中于"提供卓越服务的公司"和某一特征是否对于卓越服务是"重要的"等。经过多次的修正以后，SERVQUAL 评价方法更加贴近实际，能够更加准确地反映出影响顾客感知服务质量的因素。当然，修正后的 SERVQUAL 评价方法与修正之前的 SERVQUAL 评价方法还是有很大的不同。

SERVQUAL 评价方法在修正以后与之前的 SERVQUAL 评价方法在样本数量、问卷结构等方面有了很大的不同，两者的区别主要体现在以下几个方面。

(一)修改后的 SERVQUAL 评价方法的样本数量远远多于修正之前

PZB 在研究的过程中，选取了三个行业(电话维修、零售银行和保险业)的五家公司，向每家公司寄出的问卷数量高达 1 800 多份，但从每家公司回收的问卷数量为 290~487 份不等，尽管此次调查问卷的回收率(21%)低于 1988 年的回收率(23%)，但超大容量的样本数保证了调查的稳定性和分析的可信度。

(二)PZB 对问卷项目的设计进行了改革

在之前的问卷中，响应性和移情性这两个维度中包含负面性的问句，由此造成其信度的降低。针对这种情况，PZB 将原来的 SERVQUAL 调查表问项中的所有负面性问句全部改为正面性问句，这样就大大提高了调查的效率，也极大地方便了对数据的处理与分析。同时，还对其他的一些问句进行了修正。表 4-2 给出了两种方法的问卷题项的对比。

表4-2　SERVPERF 与 SERVQUAL 问卷题项的比较分析

说明：这项调查旨在了解您对于某服务的看法。您认为提供什么服务的企业在多大程度上符合下列陈述描述的特征。从每个陈述后面的7个数字中选出您认为最适合的。完全同意选7，完全不同意选1。如果感觉适中，请选择中间数字2～6。您的回答没有对错，我们关心的是您对服务的看法。

E1　他们应该有先进的设备。

E2　他们的设备应该有明显的吸引力。

E3　他们的雇员应穿着得体、整洁。

E4　这些公司设备的外表应与提供的服务相匹配。

E5　他们承诺了在某时做某事时，他们应该做到。

E6　当顾客遇到困难时，这些公司应表现出同情心。

E7　这些公司应是可靠的。

E8　他们应在承诺的时间提供服务。

E9　他们应记录准确。

E10　不能指望他们告诉顾客提供服务的确切时间。

E11　期望他们提供及时的服务是不现实的。

E12　员工不总是愿意帮助顾客。

E13　如果因为工作太忙而不能立即回答顾客的请求，也可以理解。

E14　员工应是值得信赖的。

E15　顾客应在与公司交往中放心。

E16　员工应有礼貌。

E17　公司应给员工充分支持，以使他们工作得更好。

E18　不应指望公司给予顾客个别的关心。

E19　不应指望这些企业的员工给予顾客个性化的关注。

E20　期望员工了解顾客的需求是不现实的。

E21　期望这些公司把顾客最关心的事放在心上是不现实的。

E22　不应指望营业时间便利所有的顾客。

说明：下列陈述与您对 XYZ 公司的看法有关。请表示您对每个陈述同意的程度。完全同意选7，完全不同意选1。如果感觉适中，请选择中间数字2～6。您的回答没有对错，我们想了解的是您对 XYZ 公司的看法。

P1　该公司有先进的设备。

P2　该公司的设备有明显的吸引力。

P3　该公司的雇员穿着得体、整洁。

P4　该公司设备的外表与提供的服务相匹配。

P5　该公司承诺了在某时做某事时，他们就会做到。

P6　当顾客遇到困难时，该公司表现出同情心。

P7　该公司是可靠的。

P8　该公司在承诺的时间提供服务。

P9　该公司记录准确。

P10　该公司不能告诉顾客提供服务的确切时间。

P11　该公司不能提供及时的服务。

P12　该公司的员工不总是愿意帮助顾客。

P13　该公司的员工因为工作太忙而不能立即回答顾客的请求。

P14　该公司员工是值得信赖的。

P15　顾客在与该公司的交往中放心。

P16　该公司的员工有礼貌。

P17　为使工作做得更好，该公司的员工得到了公司的充分支持。

P18　该公司没有给顾客个别的关心。

P19　该公司员工没有给顾客个性化的关注。

P20　该公司员工不了解顾客的需求。

P21　该公司没有把顾客最关心的事放在心上。

P22　该公司的营业时间没有便利所有的顾客。

(三)改变了问句的语气

在之前的 SERVQUAL 评价方法中的问句基本都是类似"服务应该是什么样的 (should)",但是这样的一种语气极易产生服务经历对顾客期望的映射作用,从而影响顾客对正确的期望做出判断。因此,在修正的 SERVQUAL 评价方法中,PZB 将"应该"(should) 全部改为"能够"(would & will)字样,从而较好地解决了这一问题。

(四)修正后的 SERVQUAL 评价方法有着较好的信度和效度

以信度为例,Babakus、Boller、Carman、Finn 和 Lamb 前后分别利用原始的 SERVQUAL 评价方法做过调查,但在以上三组的研究中,Crobach α 系数分别为 0.67~0.83、0.75 和 0.59~0.83,而 PZB 所做的研究中,修正 SERVQUAL 评价方法的 α 系数达到了 0.80~ 0.93,明显高于前几组的信度。

(五)修正后的 SERVQUAL 评价方法有创新点

1.五个维度在行业中的重要性排序基本相同

服务质量的五个维度在不同行业中的重要程度是存在差异的,但从总体上来说,其差异性不大,排序情况大体相同,其中可靠性一般都是至关重要的。表 4-3 是服务质量五个维度的重要性的比重。

从表 4-3 中可清楚地看出,在调查的五个企业(三个行业)中,虽然服务质量各维度的比重存在差异,但五个维度的排序大致一致,即可靠性、响应性、保证性、移情性、有形性。当然,这个结果是针对电话通信行业、银行、保险行业这三个差异性较小的行业而言的,若研究对象变为其他差别较大的行业,那么结果可能会有所不同了。

表 4-3 服务质量五个维度的重要性的比重

维　度	电话公司	保险公司 1	保险公司 2	银行 1	银行 2	均　值
有形性	12	10	11	11	11	11
可靠性	34	33	29	30	32	31.5
响应性	24	22	23	23	22	23
保证性	18	19	20	19	19	19
移情性	16	16	17	17	16	16.5
总计	100	100	100	100	100	100

资料来源:Parauraman A.,Valarie Zeithamal, Leonard Berry. Refinement and Reassessment of the SERVQUAL Scale. Journal of Retailing,1991,Vol. 67,431.

2.服务质量维度之间存在着相互交叉现象

在服务质量的五个维度中,其中响应性与保证性和可靠性之间存在着交叉的现象是比较明显的。这样就为我们进一步的研究提出了一系列的问题,比如能否将响应性视为保证性和可靠性的先行指标?通过为顾客提供持续的迅捷服务和提高雇员为顾客服务的意愿是否会强化顾客对企业的信任感和可靠的感觉?弄清楚这些问题对于服务质量管理的重要性是不言而喻的。

3.服务质量维度中的有形性可以进行再次划分

有形性可以再分解为两个子维度,即与设备、设施相关的有形性维度和与人员、沟通手段相关的有形性维度。在 PZB 的早期研究中只涉及了前一个维度,后一个维度需要进一步研究。

(六)在计算公式上的不同

修正前后的 SERVQUAL 评价方法的计算式主要体现在指标是否需要加权上。修正之前的 SERVQUAL 评价方法的计算方法是对服务质量的五个维度的重要性视为一致,其计算公式为式(4-1)。在实务中,SERVQUAL 评价方法由于简单易行得到了广泛的应用,但是它对服务质量的五大关键因素的重要性不加以区分,而在实际应用过程中,对于不同类型的服务显然其影响因素的重要性一般是不同的。因此,PZB 随后对 SERVQUAL 评价方法加以修正,在模型中加入权重并且进一步精简了量表,形成了修正的 SERVQUAL 评价方法,其计算公式见式(4-2)。修正后的 SERVQUAL 评价方法更加符合实际,因此在服务质量评价实务中广泛地被运用,使得 SERVQUAL 评价方法的影响力进一步得到扩大。

五、SERVQUAL 评价方法的扩展

在 1988、1991、1993 年研究的基础上,PZB 于 1994 年对 SERVQUAL 评价方法进行了扩展。PZB1994 年的文章冠名为"服务质量度量:基于心理测验学和诊断标准的比较评价方法"(*Alternative Scale for Measuring Service Quality: A Comparative Assessment Based On Psychometric and Diagnostic Criteria*),文章认为顾客服务感知是一种心理现象,与感知服务质量一样,它是一种主观(Subjective)的东西。

(一)PZB 对 SERVQUAL 扩展研究与以前研究的区别

虽然总的思路没有变化,但较之以前的研究,PZB 在扩展的 SERVQUAL 研究中,还是有了许多新的变化。这种变化包括以下几个方面。

1.研究方法和问卷方面的变化

无论是 1985 年、1988 年还是 1991 年的研究,PZB 对服务质量度量都有一个始终坚持的准则,那就是差异比较。尽管学者们对 SERVQUAL 评价方法提出了许多批评意见,如衡量期望的需要(Babakus & Mangold, 1992;Cronin & Taylor, 1992, 1994);期望的定义和可操作性(Teas, 1993, 1994);SERVQUAL 评价方法不同的分数构成的可靠性和有效性(Babakus & Boiler, 1992;Brown et al., 1993);SERVQUAL 评价方法的维度问题(Carman, 1990;Finna & lamb, 1991)等。对于这些问题,PZB 坚守的最为牢固的"阵地"就是差异比较分析方法的合理性和科学性(PZB, 1991, 1994)。在 1994 年的文章中,PZB 花费了大量的篇幅,试图证明 SERVQUAL 的信度和效度以及在理论上的意义均优于 SERVPERF。尽管支持 SERVQUAL 的学者为数不少,如波尔顿和德鲁(Bolton & Drew, 1991)、卡门(Carman, 1990)等,但反对的声音还是十分强大的,如克罗宁和泰勒(Cronin & Taylor, 1992, 1994)和奎斯特(Quester et al., 1995)。奎斯特利用四种服务质量评价方法对澳大利亚的广告业服务

质量进行度量。他们最初认为由于坚实的理论基础，SERVQUAL 肯定要优于 SERVPERF。但结论却正好相反：无论是从信度还是从效度上来看，前者都不如后者，而且加权 SERVQUAL 比原始 SERVQUAL 更差。面对反对的呼声，PZB 对 SERVQUAL 再次进行了"修正"，不过，这次修正与上两次差别很大：1988 年的原始 SERVQUAL 问卷是两列问卷，即通过调查表，分别测试顾客服务期望和绩效感知的分数，以两者的差作为顾客感知服务质量；1991 年修正的 SERVQUAL 尽管问项和语气等发生了变化，而且考虑了五个服务维度的重要性问题，但从总体上说，它依然是一个两列问卷。但在扩展 SERVQUAL 中，问卷由两列变为一列、两列和三列三种，从而形成了三套问卷，一套是结合差异分数的阐述，另外两套是结合服务质量的直接衡量。这三套问卷的每一套同时也融入了扩大化了的期望概念，以同时得到我们前面定义的理想服务的衡量分数(MSS)和适当服务的衡量分数(MSA)。三套问卷表的介绍如下。

三列问卷表：这种形式的问卷表分别给出了理想的、适当的和感知的服务的比率，这三种比率是在同一个评价标准下并排设计的。它需要分别计算感知质量与理想质量差异、感知质量与适当质量差异，以分别使 MSS 和 MSA 定量化。我们可以将三列问卷简单地归结为感知分数的度量(Perception Only, PZB 在表中以 P Only 来表示)、感知服务质量优异差距(MSS)的度量和感知服务质量适当差距(MSA)的度量。

两列问卷表：与 SERVQUAL 评价方法相对，这种形式的问卷表给出了理想服务和适当服务差距的直接比率(也就是 MSS 和 MSA 的分数)，这两种比率也是在同一个评价标准下并排设计的。

一列问卷表：这种形式的问卷表也是给出了理想服务和适当服务差距的直接比率。

所有这三套表格，包括的服务质量的 22 个特性与 SERVQUAL 评价方法中的基本一样。但是，有几个小的改动：第一，22 个特性中有 3 个得到了修改，减掉了多余的部分，使之更加清晰明了；第二，为了适应扩大的期望概念，使三套表格中的陈述语言达到一致，缩短了问项的陈述；第三，顾客反应尺度由 7 度改为 9 度，为问卷的被测试者提供了更为广泛的选择范围，使我们更加准确地掌握两种期望水平的不同。另外，在保险业的调查中，将原始 SERVQUAL 中顾客的概念以保单持有人(Policyholder)来加以替代，以提高问卷的针对性。

问卷的变化并不是 PZB 研究的终极目的，PZB 试图通过问卷的变化，对 1993 年所提出的扩大化了的期望概念及其管理意义进行定量化的研究，即对 MSS(Measures of Service Superiority)和 MSA(Measures of Service Adequacy)进行实证和定量研究。因为在此前，虽然 PZB 从理论上已经证明了 MSS 和 MSA 的管理意义，但这种理论并没有实证研究加以支撑，所以这种形式上的变革是非常重要的。另外同时需要注意的是，PZB 的差异比较分析思路并没有变，他们依然认为差异比较分析方法是最好和最科学的方法。

2. 样本数容量巨大，对试卷难易程度、错误率等进行了测试

原始 SERVQUAL 的样本数为 200 个，到修正 SERVQUAL 时，样本数增加到 1 900 个，而在 SERVQUAL 扩展研究中，4 家公司所采集的样本的数量达到了 3 069 个，发出的问卷份数更是高达 12 470 份。在本项目组所掌握的资料中，样本数如此庞大的调查确实是

不多见的。大容量的样本数无疑对保证研究的信度、效度和科学性起到了非常重要的作用。

PZB 在拓展 SERVQUAL 研究过程中，还对调查问卷的科学性和难易程度进行了测试（见表4-4）。如果问卷设计得过于复杂，被访者不能正确理解问项的含义和内容，或者问句过于冗长，顾客在回答时非常困难，这些都会影响顾客回答时的自信，从而造成非理性判断或随机填写现象的出现。通过计算问卷回答的容易程度和自信程度，对问卷设计质量和调查结果的信度、效度是一种有益的补充。

表4-4　不同问卷回答容易程度和自信程度表

	回答容易程度	自信程度
一列问卷	6.9	7.4
两列问卷	5.4	6.2
三列问卷	6.6	7.4

资料来源：Parasuraman A., Valarie Zeithaml, Leonard Berry. Alternative Scales for Measuring Service Quality: A Comparative Assessment Based on Psychometric and Diagnostic Criteria. Journal of Retailing, Vol.70, No.3, 1994: 206.

注：容易程度和自信程度的度量尺度从 1～9，数字越大表示越容易或越自信。

在 PZB 的研究中，以前还从未进行过问卷错误率的测试。但在这次的调查中，他们不但研究了问卷的难易程度，还对问卷回答的错误率进行了统计，并分析了错误出现的原因（见表4-5）。

表4-5　不同行业、不同问卷被访者回答错误情况统计

	两列表（%）	三列表（%）
计算机制造商	8.6	0.6
零售连锁店	18.2	1.8
汽车保险	12.2	1.6
人寿保险	9.9	2.7

资料来源：Parasuraman A., Valarie Zeithaml, Leonard Berry. Alternative Scales for Measuring Service Quality: A Comparative Assessment Based on Psychometric and Diagnostic Criteria. Journal of Retailing, Vol.70, No.3, 1994: 214.

3. 研究目的的变化

如果说原始 SERVQUAL 意味着 PZB 顾客感知服务质量研究方法的建立，修正 SERVQUAL 是这种研究方法的完善，那么，SERVQUAL 的扩展则是对这种研究方法应用价值的一次有益的探讨。这从 PZB 对文章题目的选择上可以清楚地看出来。一方面，PZB 对他们所创建的服务质量容忍区域问题进行了实际的检验，另一方面也对 MSS 和 MSA 这两个度量指标的管理意义进行了广泛的探讨。尽管容忍区域的理论诞生得很早，但学者们对其进行的实证性研究却很少。在运用扩展 SERVQUAL 研究方法的过程中，PZB 对这个问题进行了专门的探讨。这主要体现在三列表和两列表的设计上。在三列表中，研究的主要内容是对顾客理想服务、适当服务和感知绩效进行度量，其指标主要包括：理想服务水平（9度）、适当服务水平（9度）和顾客感知绩效（9度）；而两列表的研究内容则主要是 MSS

和 MSA 的测定，即通过顾客感知绩效与顾客理想服务和顾客适当服务之间的比较，测定 MSS 和 MSA。而一列表则只测定了顾客理想的服务。

需要注意的是，鉴于顾客在区分理想服务和适当服务方面所存在的困难，PZB 在对最初设计的表格进行修正后，将适当服务质量（Adequate Service）一词转变为最低服务（Minimum Service）。"理想服务"一词虽然没有发生变化，但其表述由原来的"理想服务是一家企业能够而且应当提供的服务"（The level of service performance you believe an excellent institution can and should deliver）变为"理想服务是你所渴望的服务"（The level of service performance you desired）。但在一列表中，由于只牵涉理想服务，所以仍采用原来的表述方法。

（二）PZB 扩展 SERVQUAL 研究的意义

上面我们对扩大化了的 SERVQUAL 的变动情况进行了分析。这种分析是非常必要的，因为它可以加深我们对于三个时期 PZB 的 SERVQUAL 研究方法的理论轨迹和演进过程的认识。但只有这种简单的分析显然是远远不够的，更重要的是，我们必须清楚，PZB 对 SERVQUAL 的扩展，究竟具有哪些管理意义，对于我们下一步的深入研究具有什么样的指导意义。本书作者认为，PZB 对 SERVQUAL 扩展研究的意义在于以下几个方面。

1. 企业可以精确地计算容忍区域，并对其给予科学的管理

通过"三列表"我们可以计算出顾客的理想服务、适当服务和感知服务，从而计算出顾客服务质量容忍区域，并考察企业实际服务到底处于什么位置，是在顾客服务质量容忍区域内，还是处于区域外。此外，我们还可以发现企业实际提供的服务质量在五个维度方面所存在的差距。例如，在可靠性这一维度中，顾客服务质量感知落在容忍区域内，所以顾客是满意的；而在保证性这一维度中，顾客服务质量感知已经超出了顾客所能容忍的服务最低限度，企业必须采取措施，加强对这个方面的管理，提高这一维度的水平。另外，在有形性这一维度中，顾客服务质量感知已经超越顾客理想服务质量，这表明，对于企业的有形设施，顾客不但感到满意，而且感到愉悦。这种分析为企业改善资源的使用提供了基本的理论依据。

2. 明确 SERVQUAL 的实际应用价值

在对顾客感知服务质量度量中，虽然方法很多，但其实最重要的只有两类：利用差异比较方法（SERVQUAL）和直接度量方法（SERVPERF）。PZB 通过对直接度量方法和差异比较方法的比较研究和分析，证明了差异比较方法比直接度量方法更具有可信度和应用价值。表 4-6 总结了从三套问卷调查表中得到的衡量数据的平均值，它们揭示了几个包括所有公司和方面的共同的模式。从一列和二列问卷中得到的服务优异差距（MSS 分数）的直接衡量方法，在每个方面基本上是相似的，这确认了所有形式的问卷都是衡量的相同结构。但是仅有两个例外，服务优异差距直接衡量的平均值大于 5，在理想的服务水平和适当的服务水平的衡量点是相同的（两个例外是，在零售连锁商店的二列问卷表的响应性和移情性两个方面的平均值分别为 4.9 和 5.0）。这个一致性的模式暗示着在每个公司的所有方面感知的服务绩效确实是高于理想（渴望）的服务水平。与此相对应，除去计算机公司的有形

性方面，MSS 的差异分数值(从三列问卷中得到的)都是负的，这暗示着感知的服务绩效低于理想的服务水平。

表 4-6　三种调查表服务质量期望和绩效平均值

	调查表分类					
	一　列　表	两　列　表		三　列　表		
	MSS	MSS	MSA	Ponly	MSS	MSA
计算机制造商						
可靠性	5.8	5.8	6.8	7.5	−1.0	0.3
响应性	5.8	5.6	6.8	7.2	−1.1	0.4
保证性	5.9	5.8	6.8	7.4	−0.9	0.6
移情性	5.5	5.4	6.5	6.9	−1.2	0.3
有形性	6.3	6.3	7.1	7.5	0.1	1.5
零售连锁店						
可靠性	5.6	5.7	6.3	6.6	−1.6	−0.5
响应性	5.3	4.9	5.9	6.2	−1.9	−0.4
保证性	5.5	5.3	6.2	6.7	−1.5	−0.2
移情性	5.3	5.0	5.8	6.2	−1.8	−0.4
有形性	6.3	6.2	6.8	7.2	−0.5	0.6
汽车保险公司						
可靠性	6.3	6.8	7.4	7.9	−0.6	0.3
响应性	6.4	6.6	7.3	8.0	−0.5	0.5
保证性	6.4	6.6	7.3	8.0	−0.5	0.5
移情性	6.2	6.5	7.2	7.9	−0.3	0.4
有形性	6.3	6.8	7.3	7.8	−0.3	0.8
人寿保险公司						
可靠性	6.2	6.1	6.8	7.5	−0.8	0.2
响应性	6.2	6.2	6.9	7.5	−0.7	0.2
保证性	6.4	6.4	7.1	7.6	−0.7	0.2
移情性	6.2	6.2	6.9	7.5	−0.7	0.2
有形性	6.6	6.8	7.3	7.7	−0.4	0.5

资料来源：Parasuraman A. , Valarie Zeithaml, Leonard Berry. Alternative Scales for Measuring Service Quality：A Comparative Assessment Based on Psychometric and Diagnostic Criteria. Journal of Retailing, Vol. 70, No. 3, 1994：217.

在 MSS 的直接衡量和差异分数衡量之间的差异的一致性规律，以及由此引出的矛盾的推断，使得学者们必须重视这样一个问题：哪种衡量方法更值得信赖。按照 PZB 的观点，直接衡量方法有可能造成分值的"膨胀"。因为顾客被要求回答的只是一个问题，即感知的分数，但这个感知分数的管理学意义到底在什么地方，企业无法得出恰当的结论。尽管在有些情况下，这种比较是有意义的(例如，把当前的数值与过去的数值相比较或者与竞争对手的数值相比较)，但是，单独地解释它们会导致公司做出错误的推断，即其预测的服务质量比其实际状况要好。

总之，与适当的和渴望的服务期望值结合在一起评价感知的数值，有助于精确地诊断服务缺陷并创新适当的改进措施。为了达到这些目标，三列问卷表比其他两个问卷形式能提供更详细和更精确的数据，也就是说，建立在差异分析基础上的顾客感知服务质量评价方法比直接度量顾客服务质量感知绩效的方法更为有效。

3. 根据不同的要求来选择不同的服务质量度量方法

尽管从总体上说，差异比较分析方法较之直接度量的方法要有效，也更科学，但这并不是说这种方法不存在缺陷，所以，要根据企业的研究目的来选择具体的研究方法。如果我们只是想对服务质量的变动趋势进行预测，那么"直接度量的方法显然是最优的"。但是，如果企业想进行服务质量方面差距的寻找和诊断，那么利用差异比较分析方法是最好的，而且这种方法的预测力也并不逊色于前者。

第二节　顾客满意度评价方法

服务质量与顾客的态度紧密相关，它反映的是随着时间的累积，顾客对服务质量的一种认知，满意则是某一次特定交易的结果。服务绩效与恰当或理想服务质量比较的结果形成良好的顾客感知服务质量，也决定了顾客的满意度。顾客满意度是顾客满意的量化统计指标，描述了顾客对产品的认知（期望值）和感知（实际感受值）之间的差异，可以测量顾客满意的程度。

一、顾客满意度的基本概念

顾客满意思想萌发于欧洲，但它作为一个概念提出并用 CS 表示，是 1986 年美国一位消费心理学家创造的。许多学者已经对顾客满意进行了广泛的研究，然而在顾客满意这个概念的定义上，理论界和学术界至今依然存在着分歧。

目前，对顾客满意的定义，学术上有两种主要的观点。一种观点是从状态角度来定义顾客满意，认为顾客满意是顾客对购买行为的事后感受，是消费经历所产生的一种结果。另一种观点是从过程的角度来定义顾客满意，认为顾客满意是事后对消费行为的评价。笔者更倾向于从过程角度给顾客满意下定义。笔者认为，顾客满意是一种积极的购后评价，是顾客在感受到所购买产品与先前的产品信念相一致时而做出的积极评价。还有一点要说明的是，本文所说的顾客满意是顾客对某一产品或者某一服务提供的迄今为止全部消费经历的整体评价，不同于代表顾客对于某一件产品或某一次服务经历评价的特定交易的顾客满意，这是一种积累的顾客满意。因为顾客不是以某一次消费经历，而是迄今为止积累起来的所有消费经历为基础来做出是否重复购买的决策。

顾客满意度是顾客满意的量化统计指标，描述了顾客对产品的认知（期望值）和感知（实际感受值）之间的差异，可以测量顾客满意的程度。当顾客的认知小于感知时，顾客的满意度就高，就会赞美该产品；反之，当顾客的认知大于感知时，顾客的满意度就低，就会抱怨该产品。因此，顾客满意度实际上包含了顾客满意（积极的）和顾客不满意（消极的）两个方面的含义。

二、美国顾客满意度理论

美国顾客满意度指数(ACSI)模型是 1994 年由美国密歇根大学商学院、美国质量协会(ASQ)的国家质量研究中心(NQRC)和一家国际咨询企业(Claes Fornell International, CFI)联合编制,是在 SCSB 模型的基础上进行创建的。ACSI 模型是在 SCSB 模型的基础上增加了一个潜变量——感知质量,将感知质量从感知价值中分离出来。1996 年 ACSI 模型又针对耐用消费品,将感知质量进一步分为产品质量感知和服务质量感知。目前,ACSI 模型已成为影响最为广泛的模型,被新西兰、中国台湾、奥地利等多地所采用,也是挪威和欧盟顾客满意度指数模型的基础。

ACSI 模型中包含感知质量、顾客期望、感知价值、顾客满意度、顾客抱怨和顾客忠诚 6个主要因素(潜变量)。该模型认为:①顾客的满意度是由顾客期望、感知质量和感知价值共同决定的;②如果顾客对服务质量不满意,就会产生抱怨;③顾客的忠诚取决于顾客的满意程度和对事后抱怨的处理。与其他模型相比,该模型科学运用了顾客的消费认知过程,客观反映出消费者对服务质量的评价,综合反映了顾客的满意程度;同时,该模型所得出的结果可以在不同行业里进行比较,有利于企业服务质量的不断改进。

参照 ACSI 模型,顾客满意度指数模型如图 4-2 所示。

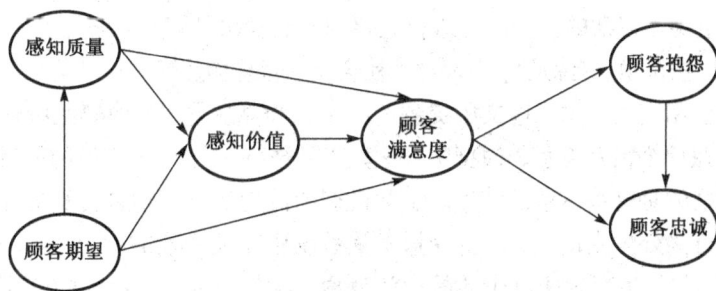

图 4-2　顾客满意度指数模型

由模型可知,顾客期望、感知质量和感知价值三个因素对顾客满意度影响重大,决定着顾客的满意程度,是前提变量;而顾客满意度、顾客抱怨和顾客忠诚都是结果变量。下面以公交企业为例说明顾客满意度的影响因素。

顾客满意度的第一个影响因素是顾客期望。期望是顾客在整个自我评价过程中的依据,因此对顾客满意程度有直接的、较大的影响,而且顾客的期望来自于顾客的需求、顾客自己在过去的公交服务经历,以及包括他人的经历、当前服务的质量与价格水平等多方面的信息。乘客期望的水平高或低还与自己收入水平、价值观念和对事物的分析判断能力有关。顾客期望的水平是不断变化和更新的,这就使公交企业提高顾客满意程度面临更大的挑战。一般来说,顾客期望越高,顾客满意度越高。

顾客满意度的第二个影响因素是顾客对质量的感知,它对顾客满意度有直接的影响和作用。作为一种普遍的心理现象,顾客满意程度的高低首先是由顾客对公交企业服务感知到的质量决定的,这种对质量的感知取决于公交企业服务满足顾客要求的程度以及满足这些要求的可靠性。总体而言,顾客感知到的质量越好其满意程度就越高。

顾客满意度的第三个影响因素是顾客对价值的感知，或是对所支付价格的相关公交服务质量水平的感受。在顾客对价值的感知中，服务的一定的价格水平对应于一定的质量水平。所以，顾客对价值感知中不仅是指所支付的服务的价格，而且还和他对服务质量的感知紧紧联系在一起。乘客还会从自己的角度出发，在对自己付出的总成本和得到的总价值进行分析和比较后做出判断。同时，顾客从对质量的感知出发，当感知到的价值增加时，顾客满意程度也会随之提高。

在模型中，顾客满意度、顾客抱怨、顾客忠诚则是作为结果变量出现的，是受前三个变量影响产生的。当顾客在事后的实际感知低于事前的期望时，顾客满意程度就低，就容易产生顾客抱怨；当顾客在事后的实际感知高于事前的期望时，顾客满意程度就高；当顾客的实际感知远远超过事前的期望时，就会带来顾客忠诚。

三、基于 PLS 建模技术的顾客满意度模型

ACSI 模型采用结构方程模型的形式。结构方程模型（Structural Equation Modeling, SEM），是一种建立、估计和检验因果关系模型的多元统计分析技术，由瑞典统计学家 Karl Jo-reskog 与其合作者 Dag Sorbom 于 20 世纪 70 年代中期提出并逐步改进和完善。结构方程模型用于对复杂现象的模式进行处理，根据理论模式与实际数据关系的一致性程度，对理论模式做出评价，从而达到对复杂的实际问题进行定量研究，找出其规律性的目的。结构方程模型广泛应用于医学、经济学、金融学、心理学、社会学、管理学、行为科学等研究领域，尤其是在满意度研究中应用广泛。除了前文中提到的潜变量和显变量，结构模型中还有外生变量和内生变量之分。在一个因果关系的模型中，一些变量被认为是其他变量的原因，而相应的另外一些变量则被视为是这些变量的结果。引起模型中其他变量变化且自身的变化受模型外部因素影响的变量称为外生变量，即外生变量不受系统中其他变量的影响，相当于线性回归分析中的自变量；而与外生变量相对应的是内生变量，这些变量受系统中的外生变量及其他变量的影响，相当于线性回归分析中的因变量。在本文中 6 个潜变量里只有乘客期望是外生潜变量，其余都是内生潜变量；外生潜变量对应的显变量是外生显变量，其余都是内生显变量。

（一）结构方程模型

结构方程模型一般是由一个结构模型和一个测量模型组成，其中结构模型描述了外生潜变量与内生潜变量之间的因果关系，而测量模型描述了潜变量与显变量之间的因果关系，具体表达见如下三个方程式：式(4-3)、式(4-4)和式(4-5)。

1. 结构模型

$$\boldsymbol{\eta} = \boldsymbol{\beta}\boldsymbol{\eta} + \boldsymbol{\Gamma}\boldsymbol{\xi} + \boldsymbol{\zeta} \tag{4-3}$$

式中：$\boldsymbol{\eta}$——内生潜变量向量；

$\boldsymbol{\xi}$——外生潜变量向量；

$\boldsymbol{\zeta}$——残差向量；

$\boldsymbol{\beta}_{(m \times m)}$——$\boldsymbol{\eta}$ 的路径系数矩阵，$\boldsymbol{\beta}$ 表示内生潜变量之间的影响，是 η_j 对 η_i 的影响；

$\boldsymbol{\Gamma}_{(m \times n)}$——$\boldsymbol{\xi}$ 的路径系数矩阵，γ_{ij} 表示外生潜变量 ξ_j 对内生潜变量 η_i 的影响。

2. 测量模型

$$y = \Lambda\eta + \varepsilon \tag{4-4}$$

$$x = \Lambda\xi + \delta \tag{4-5}$$

式中：y ——内生显变量向量；

　　　Λ_y —— $\Lambda_y(p \times m)$ 是 y 对 η 的回归系数矩阵；

　　　ε —— y 的测量误差构成的向量；

　　　x ——外生显变量向量；

　　　Λ_x —— $\Lambda_x(q \times n)$ 是 x 对 ξ 的回归系数矩阵；

　　　δ —— x 的测量误差构成的向量。

式(4-3)描述了根据顾客满意度理论研究的潜变量之间的关系，式(4-4)表示了内生潜变量 η 与其显变量 y 之间的因果关系，式(4-5)表示了外生潜变量 ξ 与其显变量 x 之间的因果关系。

(二)顾客满意度的结构模型和测量模型

结合图4-2可知，顾客满意度的结构模型和测量模型表示如下。

1. 结构模型

$$\begin{pmatrix} \eta_1 \\ \eta_2 \\ \eta_3 \\ \eta_4 \\ \eta_5 \end{pmatrix} = \begin{pmatrix} 0 & 0 & 0 & 0 & 0 \\ \beta_{21} & 0 & 0 & 0 & 0 \\ \beta_{31} & \beta_{32} & 0 & 0 & 0 \\ 0 & 0 & \beta_{43} & 0 & 0 \\ 0 & 0 & \beta_{53} & \beta_{54} & 0 \end{pmatrix} \begin{pmatrix} \eta_1 \\ \eta_2 \\ \eta_3 \\ \eta_4 \\ \eta_5 \end{pmatrix} + \begin{pmatrix} \gamma_1 \\ \gamma_2 \\ \gamma_3 \\ \gamma_4 \\ \gamma_5 \end{pmatrix} \xi + \begin{pmatrix} \zeta_1 \\ \zeta_2 \\ \zeta_3 \\ \zeta_4 \\ \zeta_5 \end{pmatrix}$$

式中：ξ 为顾客期望，η_1 为感知质量，η_2 为感知价值，η_3 为顾客满意度，η_4 为顾客抱怨，η_5 为乘客忠诚；对 η_1 产生影响的模型因素只有 ξ，路径系数为 γ_{11}，所以对应 η_1 的 β_{1j} 全部为 0；对 η_2 产生影响的模型因素是 η_1 和 ξ，路径系数分别为 β_{21}、γ_{21}，其余的 β_{2j} 都为 0；对 η_3 产生影响的模型因素是 η_1、η_2 和 ξ，路径系数分别为 β_{31}、β_{32} 和 γ_{31}，其余 β_{3j} 都为 0；对 η_4 产生影响的模型因素只有 η_3，路径系数为 β_{43}，其余 β_{4j} 都为 0；对 η_5 产生影响的模型因素是 η_3 和 η_4，路径系数分别为 β_{53} 和 β_{54}，其余 β_{5j} 都为 0。

2. 测量模型

$$\begin{pmatrix} x_1 \\ x_2 \\ x_3 \end{pmatrix} = \begin{pmatrix} \lambda_1 \\ \lambda_2 \\ \lambda_3 \end{pmatrix} \xi + \begin{pmatrix} \delta_1 \\ \delta_2 \\ \delta_3 \end{pmatrix}$$

式中：x_1、x_2、x_3 分别为顾客期望 ξ 的 3 个显变量，ξ 与它们之间的回归系数分别为 λ_1、λ_2、λ_3，也称载荷系数。

顾客满意度模型实际上是结构方程模型，有多个因变量，是多方程的因果关系系统，一个原因和结果关系的网，需要按照这些关系对模型中的参数进行估计。

目前，就我国研究情况来说，对于顾客满意度结构方程模型的参数估计多采用偏最小二乘法(Partial Least Squares, PLS)进行模型估计。PLS 于 1983 年由伍德(S. Wold)和阿巴诺(C. Albano)等人首次提出。PLS 是将主成分分析与多元回归结合起来的迭代估计，是一种因果建模的方法。瑞典、美国和欧盟顾客满意度模型都使用这种方法进行估计。PLS 估计的思路是：将总体模型分为设定的区组，模型参数分为几个子集，当估计一个子集时，认为其他的子集的参数值已经固定不变，使用互相依赖的 OLS(Ordinary Least Square, 最小二乘法)多元回归，建立 LV 的起始估计，并将 LV 限制为单位方差。一次解一个区组，估计这部分 35 参数。这样逐个子集用迭代的方法不断逼近载荷和结构参数的估计。

PLS 方法之所以"偏"，是因为估计的每一步都在给定其他参数条件下对某个参数子集的残差方差进行最小化，在收敛的极限，所有残差方差联合进行最小化。PLS 方法是"偏" LS，因为没有对总体残差方差或其他总体最优标准严格地进行最小化。从 PLS 与其他多元分析方法的联系来看，PLS 是一种将主成分分析与多元回归结合起来的迭代估计，该方法对不同 LV 的 MV 子集抽取主成分，放在回归模型中使用，然后调整主成分权数，以最大化模型的预测能力。由于它关注 LV 和 MV 的最小二乘预测，一般称 PLS 为"基于预测的方法"。

本书第五章中的案例采用基于 SMART-PLS 软件用来进行参数估计。该软件已被多个国家广泛用于满意度指数的模型估计。通过这个软件计算，可以得到潜变量之间的路径系数、潜变量与显变量之间的载荷系数和指标权重。

第三节 其他服务质量评价方法

在本章的前两节，我们详细地介绍了服务质量评价的两个最主要的方法—SERVQUAL 和顾客满意度评价方法。SERVQUAL 诞生后，其争议就没有间断过。学者在对 SERVQUAL 进行批判地继承时，也造就了许多可用来对服务质量进行评价的方法，其中 SERVPERF 就是克罗宁和泰勒在对 SERVQUAL 批判的基础上提出来的新的服务质量评价方法，而且 SERVPERF 在对某些行业的服务质量进行评价的信度和效度方面要优于 SERVQUAL。事实上，其他学者在研究过程中也发现了 SERVQUAL 存在诸多弊端。正是在这一过程中，学者们针对其发现的 SERVQUAL 的弊端，又提出了如加权绩效评价方法、归因模式、"非差异"评价方法等其他的一些评价方法。但这些评价方法的影响力又远远比 SERVQUAL 和 SERVPERF 小得多。因此，本节将相对简单地介绍这些评价方法。

一、加权绩效评价方法

加权绩效评价方法(Adequacy Importance)是由玛吉斯(Mazis)等人于 1975 年提出来的一种服务质量评价方法。该方法强调服务绩效感知对顾客感知服务质量的影响，而期望在感知服务质量评价中的作用则几乎被忽略了。由于顾客对服务好坏认定的标准不同,玛吉斯等人认为可以通过加权的方式,对不同的影响要素给予不同的权数,由此来说明不同顾客的特殊偏好。这种以加权方式单纯地从绩效的角度来度量顾客感知服务质量的方法就是所谓的加权绩效评价方法。

受该理论的影响,很多学者开始质疑 SERVQUAL 的准确性。其中卡门(Carman,1990)曾指出,SERVQUAL 稳定性较好,但它的五个维度并非都是"中性"指标,对不同的行业并不具有完全适用性。他反对 PZB 在顾客接受服务后再采集顾客期望服务质量的数据,而应在接受服务前就应采集相关的数据,如果不这样做,期望服务质量与感知服务质量的相关程度就会大大降低。他在 1992 年专门重复了 PZB 的整个研究过程,结果发现 SERVQUAL 在不同的服务行业的应用,与 PZB 之前的研究结果有很大的差异。蒂斯(Teas,1993)也对 SERVQUAL 模型提出了质疑。他认为简单地将"感知"与"期望"之差作为度量感知服务质量的标准容易产生误导作用。布朗、丘吉尔和彼得(Churchill,Brown & Peter,1993)也指出,由于 SERVQUAL 所选用的是"差异分数"(即感知分数 – 期望分数),所以其可靠性和合理性存在疑问。他们研究的结果还证明了这些分数的分布反常。

加权绩效评价方法曾经受到包括克罗宁和泰勒等著名学者的支持和赞同,但事实又不得不让我们承认该方法还是有很大的局限性的。它受到了当时服务管理研究水平的限制。20 世纪 70 年代,顾客满意模式尚未完善,而感知服务管理的研究基本上还没有起步,所以注定了这种方法尚存在许多的不足之处。波尔顿和德鲁在研究这种方法时曾认为,由于顾客对服务绩效的感知可能会随着绩效感知和期望之间关系的变动而不断地发生变化,所以最好的方法就是在度量顾客感知服务质量时,既不采用加权的方法,也不考虑期望的影响,而只单独用绩效来度量服务质量水平。

二、归因模式

(一)归因模式的提出

归因模式最初是由美国心理学家维纳(Weiner)于 1985 年提出的。1990 年,比特纳(Bitner)对该模式进行了实证研究,从而将归因模式正式引入服务管理领域。但由于该方法涉及的变量过多,应用起来非常复杂,所以并没有得到学者们的高度关注,自然研究和使用该方法的也比较少。

在服务质量评价环境下的归因就是指消费者在遭遇服务结果和期望不一致时所进行的一种自发的探究原因并调试绩效感知与期望之间关系的心理状态。不同的顾客,其调试的方式不一样,从而他们感知的服务质量也会产生差异。

在维纳之前,许多学者就已经开始注意从心理角度对顾客感知服务质量进行评价,如安德森(Anderson,1973)提出的"认识不和谐"理论(Cognitive Dissonance)和戴伊(Day,1977)的"反差理论"(The Contrast Theory)。前者认为,如果顾客能够按照其期望值来调整他的感知,那么,期望与企业实际服务之间的感知距离就可以缩减,这种情况有利于营销者。因为顾客会自觉地意识到自己所存在的相对较高的或不太现实的期望,从而理性地调整期望，提升他们对产品的感知，使得感知与期望相互适应；而反差理论与认识不和谐理论正好相反，其认为，当顾客感觉到在期望与实际服务之间存在距离时，他不是调整，而是放大这种差距（Discrepancy）。如果放大的结果仍然比顾客预期的要好，那么，顾客就会非常满意，如果没有达到顾客的期望，顾客就会非常不满意。在这种情况下，企业必须非常小心，避免做出过度的承诺，以免过度提升顾客的期望值。在归因理论之后，也有学者极力主张从心理角度对顾客感知服务质量进行度量。比较有名的包括"同化反差理论"（The Assimilations-Contrast Theory）和"一般否定理论"（Generalized Negativity）。按照"同化反差理论"的观点，顾客对服务质量的感知存在着所谓的接受区域（Acceptance Zone）和拒绝区域（Rejection Zone）。如果比较后的差异落在可接受区域内，那么，顾客会倾向于"同化"期望与实际服务；反之，如果落在拒绝区域内，那么，反差理论就会占据主导地位，顾客就会放大差异；而"一般否定理论"则认为，当顾客的期望值不确定时，就会产生一般性否定现象。不管是正的差异，还是负的差异，都会降低顾客对服务绩效的评价和服务期望。通过上面的分析，我们可以发现，归因模式并非是一种具有创新性的质量评价方法，但它与上述的研究具有不同的特性。

（二）归因模式的特性

归因模式的特性主要体现在以下几个方面。

1. 研究视角与其他方法不同

"认识不和谐"和"反差理论"等研究的视角是从顾客满意角度进行的，而且研究的对象是有形产品；而归因理论则是从感知服务质量角度，以服务为研究对象。

2. 以实证研究做"后盾"

虽然也有学者对"认识不和谐"和"反差理论"等进行了相关的实证研究，但总体上说，这些理论尚未得到实践的检验。而归因理论则不同，比特纳以PZB的差距模型为理论根基，对归因理论进行了大量的实证研究，并寻找到归因理论与其他评价方法不同的意义。

（1）以往对服务质量的研究，过度倚重于对"绩效"和"期望"之间的比较。而归因理论则在差异比较方法的框架内加入了更合乎逻辑和心理层面的变量：当消费者对"期望"与"绩效"比较完成后，就会考虑服务失败时服务提供者所应承担的责任和自己的责任，然后在此基础上形成满意或不满意的心理。

（2）在上述归因过程中，服务提供者的营销组合（Marketing Mix）对消费者最后心理的形成具有十分重要的影响。服务提供者可以通过服务设计、员工训练等手段来引导消费者归因的过程，从而促使消费者形成满意的心理；而在以往的评价方法中，只是"期望"与"绩效"的简单比较，而企业在整个过程中对消费者满意与否的心理形成基本上不具有太大的影响。

从比特纳归因模式流程图（见图4-3）我们可以较为清晰地看到上述两个特点。

从图4-3我们可以看出，营销组合在顾客服务期望、服务质量感知和归因的过程中，都起到非常重要的影响作用，这是和以往其他顾客感知质量评价方法完全不同的。归因的结果是形成顾客满意或不满意的心理，而满意不满意的心理又会决定顾客对服务质量的总体感知和顾客忠诚及口碑，这就是顾客整个的归因过程和结果。

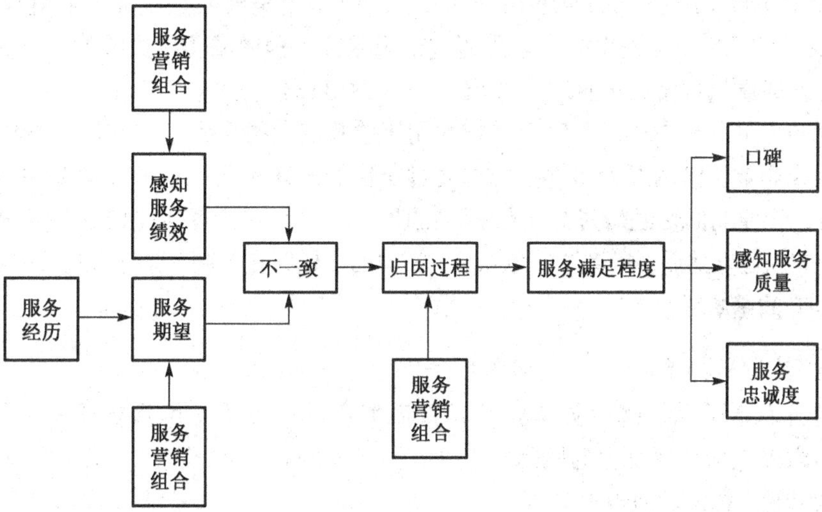

图4-3　比特纳归因模式流程图

资料来源：Marry Jo. Bitner：Evaluating Service Encounters：The Effects of Physical Surroundings and Employee Responses. Journal of Marketing, Vol. 54,1990：71.

三、"非差异"评价方法

布朗、丘吉尔和彼得（Brown, Churchill & Peter, 1993）对 PZB 的 SERVQUAL 评价方法利用顾客服务绩效感知和服务期望之差异来度量顾客感知服务质量的做法提出了质疑。他们认为，这种度量方法会导致顾客将以前服务经历的影响带入期望中来，从而削弱差异比较法的说服力。基于此，他们认为，最好的方法就是直接度量消费者绩效感知和服务期望之间的差异。因此，他们将这种顾客感知服务质量评价方法称之为"非差异"（Non- difference）评价方法。从操作角度来看，"非差异"评价方法与 SERVQUAL 和修正 SERVQUAL 非常相似，同样是运用 SERVQUAL 量表中的 22 个问项，但是，SERVQUAL 需要对顾客期望、绩效感知和感知服务质量三个方面进行度量，牵涉66 组数据；而"非差异"评价方法则只对期望及绩效感知之间的差异进行度量，所运用的只有 22 组数据。从这个角度来说，"非差异"评价方法比 SERVQUAL 要简捷了许多。布朗、丘吉尔和彼得所做的实证研究证明，"非差异"评价方法在信度及效度上均优于 SERVQUAL 或修正的 SERVQUAL，因此他们认为"非差异"评价方法是最好的顾客感知服务质量评价方法。除了上述我们提到的 5 种顾客感知服务质量评价方法外，还有一些其他的方法，如伯尔丁（Boulding, 1993）等人提出的"动态模式"（Dynamic Process Model）等，但这些评价方法的影响较之 SERVQUAL、SERVPERF 和 Non- difference 等评价方法来说要小得多，而且突破性的研究成分也非常小，因此本书将不对这些评价方法予以探讨。

四、关键事件技术

关键事件技术（Critical Incident Technique，CIT）是由美国匹兹堡大学心理学教授弗兰拉根（Flanagan）于1954年提出的。它是通过记录服务过程中成功或失败的事件和行为，来发现质量问题或质量优势，从而对服务质量现状做出评价，并采取措施，提高顾客感知质量和满意度的一种分析方法。关键事件技术用于收集和分类导致客户在服务接触过程中产生非常满意或非常不满的经验事件。他们通过定性的访谈来获得这种关键事件。访谈中他们询问顾客，让他们回忆经历过且记忆深刻的事件，以及在哪里接受的这种服务，并对事件进行详细的描述。然后，将事件分为几组，相似的主题归在一起，进行渐进的内容分析。

（一）CIT的基本程序

CIT的基本程序如下。

1. 设计开放式表格，收集员工或顾客在近期内所经历的具体服务事件

收集的内容包括事情发生的原因、造成这种局面的特定环境等，并要求顾客做出满意或不满意的结论，提出质量改进建议。

2. 对调查表进行分类

分类的依据可以依照比特纳等人（Bitner，Booms & Tetreault，1990；BBT）所创建的分类系统来进行。

3. 对分类后的调查表进行分析，从而得出质量现状的结论和改进策略

CIT方法是询问顾客（包括内部和外部顾客）对服务质量的看法，即哪些服务环节（包括服务结果）与服务标准不一致，是良好还是不好。这些经常与服务标准产生偏差的服务环节或过程就是所谓的关键事件。然后被测试者要具体说明为什么他会将这些环节列入关键事件范畴。最后，研究人员要对顾客对关键事件的描述进行分析，以寻找到服务质量问题及这些问题产生的原因。对评价良好的服务环节同样要找出原因并将其标准化，以指导以后的服务过程。

利用关键事件方法可以使营销人员得到服务失误的大量数据，同时可以寻找到改进服务质量的新的方法。有一些问题，如服务资源缺乏、服务人员技术低下或态度恶劣等都是造成关键事件评价不好的原因，而关键事件评价低下的直接后果是顾客感知服务质量的低下。对关键事件研究所得出的结论通常向企业昭示了企业应当采取什么样的质量改进措施，所以，管理人员可以利用对关键事件的研究为提高顾客感知服务质量策略的制定提供依据。对于内部顾客可以得到同样的信息。

我们现在以比特纳等人所做的一项研究为例来说明CIT是如何应用的。该调查于1994年完成，调查对象为旅店、餐馆和航空公司，当时共分析了员工报告的774次关键的服务接触，得出了许多有益的结论，可以使我们进一步明确员工和顾客对服务质量看法的基本态度（相同点与不同点）。

（二）CIT的理论基础

CIT的理论基础包括两个，即角色和剧本理论、归因理论。关于归因理论，在前面已经介绍过了，此处只简单地说明角色和剧本理论的基本内涵。如果顾客和员工对各自角色的预期是相同的，并且服务的剧本情节也很确定，那么顾客和员工对服务接触的看法就更有可能趋于一致(Mohr & Bitner, 1991; Solomon et al. ,1985)。一种角色(Role)就是与一种特定的社会职责相联系的行为，特别是对于富有经验的员工和顾客，角色早已被定义好了，顾客和员工都清楚可以从对方处获得什么。在角色确定的过程中，许多形式的服务接触在人的一生中重复地进行，从而形成牢固、标准而演练纯熟的剧本。尚克和埃布尔森(Schank & Abelson, 1977)将剧本定义为"对角色行为的恰当顺序进行描述的一种结构"。

角色和剧本理论对于服务接触的研究和分析具有非常重要的意义。它可以使我们明确顾客和员工对服务接触的看法应当具有相同之处，其他学者的实证研究也证明了这一点，尽管学者们对一些问题还存在着分歧。

(三) CIT 分析中事件的分类

比特纳等人将 CIT 分析中导致顾客(内外部顾客)是否满意的来源分为 4 类：补救(失误之后)、适应能力、自发性和应对。比特纳等人的研究是基于员工的服务质量度量方法，所以他们将分类缩减为 3 类，即员工对服务传递系统失败的反应、员工对顾客需要和要求的反应和自发的、不经要求的员工行为。在 774 件员工事件中，有 668 件可以归入这三组中，这三个组又被分为 12 类。但有 68 次接触(总数的 11%)无法归入预先设定的任何一组中，所以他们又增加了一组，即"问题顾客行为"，作为组 4。

经过对实际调查资料汇总后，将满意和不满意事件分开，从而形成组别及分布情况(见表 4-7)。

表 4-7　不满意事件和满意事件的分布

事件类型	不满意事件		满意事件	
排名顺序	分　组	百分比(%)	分　组	百分比(%)
1	组1—对失败的反应	51.7	组1—对要求的反应	49.4
2	组2—"问题顾客"	22.0	组2—对失败的反应	27.5
3	组3—对要求的反应	16.4	组3—自发的行为	22.4
4	组4—自发的行为	9.8	组4—"问题顾客"	0.8

资料来源：克里斯托弗·H.洛夫洛克. 服务营销(第三版). 陆雄文，庄莉，译. 中国人民大学出版社，PrenticeHall 出版公司，109.

从表 4-8 可以看出，归因理论在这里起着非常重要的作用，当员工被要求汇报引起顾客不满意的事件时，他们倾向于描述一些由外界原因引起的问题，如服务提供系统的失败或不恰当的顾客行为；而当顾客满意时，员工则通常会将引起顾客满意的原因归结为自身对待顾客的能力和努力。当然，CIT 的意义并不仅在于让员工了解服务质量的基本认知特点，同时，它还可以用来比较分析员工和顾客对相同事件的看法，从而可以使企业从两个角度，即外部顾客和内部顾客的角度，来探讨提升服务质量的问题。

观察表 4-8，我们会发现员工和顾客在对服务接触中的满意或不满意原因的认知方面有许多相似性。但需要注意的是，当时研究的是相对规范化的服务接触，而且顾客也是服务经历较为丰富的顾客；所以他们对角色的认知是比较清楚的。但在新增加的第四组中，员工和顾客对服务失误从而导致顾客不满意等方面的原因存在着很大的差异。员工认为，导致顾客不满意或者服务失败，主要的原因是由顾客本人造成的，而顾客则认为是由服务人员或企业服务系统失误造成的，从组4员工和顾客数据栏，我们可以清楚地看到这一点。在顾客的报告中，没有一件不满意的事件是由他们自身的不良行为引起的。但我们也可以看出，在组1和组2中，顾客的看法和员工的看法还是相当接近的。

表4-8 比较员工和顾客的反应：根据事件结果的类型来对事件分类

	事件结果类型					
	满 意		不 满 意		合 计	
	数 目	%	数 目	%	数 目	%
组1 员工对服务传递系统失败的反应						
员工数据	109	27.5	195	51.5	304	39.3
顾客数据	81	23.3	151	42.9	232	33.2
组2 员工对顾客需要和要求的反应						
员工数据	196	49.4	62	16.4	258	33.3
顾客数据	114	32.9	55	15.6	169	24.2
组3 自发的、未经要求的员工行为						
员工数据	89	22.4	37	9.8	126	16.3
顾客数据	152	43.8	146	41.5	298	42.6
组4 "问题顾客"行为						
员工数据	3	0.8	83	22.0	86	11.1
顾客数据	0	0.0	0	0.0	0	0.0
合计						
员工数据	397	51.3	377	48.7	774	100
顾客数据	347	49.6	352	50.4	699	100

资料来源：克里斯托弗·H.洛夫洛克. 服务营销(第三版). 陆雄文，庄莉，译. 中国人民大学出版社，Prentice Hall出版公司，111.

(四)CIT方法在企业管理中的意义

对于企业来说，CIT方法具有非常重要的意义。

1.它为企业的服务质量评价和诊断提供了新的思路

我们前面几节所介绍的服务质量评价方法全部是建立在外部顾客基础之上的，从服务质量的定义和基本内涵来看，这是非常必要的，也是科学的。但问题是，在许多情况下，如果我们单纯地依靠这种评价得出的结论而采取管理措施，就可能会导致不良的结果。因为前面方法建立的基本理论前提是"顾客永远是正确的"，但事实上，顾客并不永远是正确的，在服务接触中，还存在我们前面所说的"问题顾客"。比如在饭店服务中，有在菜肴中故意放入玻璃或苍蝇的顾客；在租车公司中，有不良驾驶记录的顾客；而在超市中，也有偷窃的顾客。因此，企业必须对顾客加以分类，并培训员工如何应对"问题顾客"。

同时，需要注意，有些"问题顾客"的"问题"也可能来自顾客对企业服务内容的理解有偏差，从而造成角色的"模糊"。例如，在教学过程中，学生的提前预习是掌握知识的一个非常重要的环节，但如果学生不了解这一点，可能会将没有掌握应当掌握的知识而造成考试失败的原因归于教师的授课水平。因此，服务提供者应当培训顾客，使其明确他们在服务过程中的角色，有的学者认为，把顾客看成"部分的员工"可以使他们学习用提高自身满意度的方式为服务做贡献（Bowen，1986）。

2. 不能将员工作为顾客信息的唯一来源

以前的研究已经显示，与顾客接触的员工是关于顾客态度的最好的信息来源（Schneider & Bowen，1985；Schneider，Parkington & Buxton，1980）。比特纳等人的研究结果也证实了这一点。但必须注意，我们不能将员工视为顾客信息的唯一来源，因为：第一，尽管员工与顾客报告的事件的基本类型是相同的，但员工报告类型中时间的比例与顾客的报告存在着显著差异；第二，在有些服务程序不是特别固定的行业中，一线员工可能并不真正了解顾客的期望，或者了解得并不准确。因此，在质量评价过程中，应当将两种信息有机地结合起来加以研究。

3. 在服务质量五个维度中，可靠性是最关键的维度

我们在前面的研究中对这个问题已经进行过探讨，比特纳的研究也揭示了这一点：员工报告的大部分不满意事件的产生是由于对服务传递系统的失败没有做出充分的反应，这说明顾客将服务可靠性作为唯一重要的质量维度，因此，企业应当力争第一次将服务做好，而不是依赖于服务补救。确保满意度最好的方法是从一开始就不要有失败。需要注意的是，许多学者在应用 CIT 进行分析时，所采用的理论平台依然是 SERVQUAL 所确立的基本理论框架，尽管这种理论框架的维度分解得并不是十分清楚。同时，我们在利用 CIT 进行分析时还有一个问题需要注意，即从顾客角度和从员工角度对质量的分析是否具有科学性。虽然我们在前面的分析中已经提到，许多学者支持内部顾客和外部顾客对服务质量看法一致性的观点（Mohr & Bitner，1991；Solomon et al.，1985；Zeithaml & Bitner，2000），但也有学者对此持相反的观点（Folkes & Kotsos，1996；Dornoff & Dwyer，1981）。在国内，白长虹和范秀成教授（2000）经过研究也发现，从顾客角度和从员工角度服务质量感知存在着差异。因此，这种方法究竟是只应用于外部顾客（格罗鲁斯，2000）还是适用于内外部顾客（泽斯曼尔，2001），尚需进一步研究。

五、IPA 评价法

IPA 评价法的全称为服务重要性-表现程度分析法（Importance- Peformance Analysis），一些文献将该方法称为服务重要性-绩效分析法。IPA 技术是一种通过测量服务对顾客的重要性以及顾客对服务表现的感知来确定特定服务属性优先顺序的技术，即通过对消费者关注的某些服务因素或项目的重要性和消费者对服务的满意度进行组合评价，从而为确定服务中究竟应该突出哪些服务因素、淡化哪些服务因素作为确定服务质量的客观依据。

小　　结

SERVQUAL 服务质量评价方法和顾客满意度评价法是服务质量管理评价中比较常见也是比较重要的两种方法。SERVQUAL 服务质量评价方法是 PZB 对顾客感知服务质量进行深入研究的基础上，对服务质量影响因素进行归纳总结出来的评价方法。在不断地改进和修正过程中，众学者又相继推出了 SERVPERF、Adequacy-importance 和 Non-difference 等众多顾客感知服务质量评价方法。而顾客满意度评价法反映的是顾客对服务质量的一种认知，是顾客满意的量化统计指标，描述了顾客对产品的认知(期望值)和感知(实际感受值)之间的差异，可以测量顾客满意的程度。

　　本章的第一节和第二节介绍了基于顾客的服务质量评价方法的两种评价方法，在第三节简略介绍了加权绩效评价方法、归因模式以及"非差异"评价方法等其他的服务质量评价方法。

思　考

1. 简述 SERVQUAL 服务质量评价方法的具体步骤。
2. 简述美国顾客满意度指数(ACSI)模型。
3. 简述几种服务质量评价方法。

第五章
顾客感知服务质量评价方法实证案例

前几章从理论和实证方面介绍了服务质量的内涵与评价方法，应该看到，近些年来，顾客满意度越来越被人们重视，而事实上，服务质量与顾客满意度都反映了顾客感知服务水平与期望服务水平之间的差距，两者间的关系非常密切。因此，本章将 SERVQUAL 评价方法中涉及的五个维度作为顾客满意度模型中感知质量的五个评价维度，将这样构建的感知质量与顾客满意度模型中其他潜变量(分别是顾客期望、感知价值、顾客满意度、顾客抱怨和顾客忠诚)组成一个新的满意度评价方法，并且引入到公交车服务质量的评价当中，从信度和因子分析等方面进行详细的研究，这为服务质量的定量化分析提供理论基础，为顾客满意度结构模型拓展了应用领域，对如何提高公交车服务质量水平也具有一定的指导意义。

第一节 公交车调研数据统计分析

一、基本研究方法和问卷设计

调查问卷由两个部分组成，第一部分由人口统计变量组成。其中，人口统计变量主要由性别、年龄、职业、居住时间、出行目的等若干个子部分组成。第二部分由乘客对公交车服务质量的感知及评价组成。整个调查问卷由 SERVQUAL 指标体系的问题组成，总共有 25 个问题。

对乘客感知公交车服务质量的评价，基本上采用的是 PZB 在修正 SERVQUAL 中使用的问卷及基本问项。反映尺度设置为五度，即从非常不满意(1)到非常满意(5)，中间设三个选项，不满意(2)、中立(3)、满意(4)。

本文选择样本所属地区是在江苏省苏州市，为了使最终样本具有代表性和普遍性，采取随机抽样的方式，覆盖苏州市几个大的行政区域，吴中、金阊和平江等。由于使用公交车服务的多数都是年轻人，所以对学生和上班族群体发放的问卷数量稍多一点。在各个地区总共发放950份问卷。在受访者填写问卷之前，首先询问受访者是否使用过公交车服务，如果没有使用过，则不在选择的样本范围之类。

整个样本调查历时十五天，由于受访者基本上都是当场填写问卷，所以回收率比较高，共获得913份问卷。根据问卷剔除原则，即全部选择相同的答案、选择的答案呈对称分布、漏填的选项非常多，对回收问卷进行处理，剔除掉23份无效问卷，最终获得890份有效问卷，问卷有效率达到93.68%，超过问卷有效回收率20%的最低要求，证明本次调查是有效的。

二、本次调查的信度分析

问卷调查法是教育研究中广泛采用的一种调查方法，根据调查目的设计的调查问卷是问卷调查法获取信息的工具，其质量高低对调查结果的真实性、适用性等具有决定性的作用。为了保证问卷具有较高的可靠性和有效性，在形成正式问卷之前，应当对问卷进行试测，并对试测结果进行信度分析，根据分析结果筛选问卷题项，调整问卷架构，从而提升问卷的信度。

信度(Reliability)即可靠性，它是指采用同样的方法对同一对象重复测量时所得结果的一致性程度。信度指标多以相关系数来表示，大致可分为三类：稳定系数(跨时间的一致性)、等值系数(跨形式的一致性)和内在一致性系数(跨项目的一致性)。

若以信度系数来表示信度的大小，信度系数越大，表示测量的可信程度越大。究竟信度系数要多少才算有高的信度？学者 DeVellis(1991)认为，0.60～0.65(最好不要)；0.65～0.70(最小可接受值)；0.70～0.80(相当好)；0.80～0.90(非常好)。由此，一份信度系数好的量表或问卷，最好在0.80以上，0.70～0.80之间还算是可以接受的范围。若分量表的内部一致性系数在0.60以下或者总量表的信度系数在0.80以下，则应考虑重新修订量表或增删题项。

信度分析的方法主要有以下四种。

(1)重测信度法

这一方法是用同样的问卷对同一组被调查者间隔一定时间重复施测，计算两次施测结果的相关系数。显然，重测信度属于稳定系数。重测信度法特别适用于事实式问卷，如性别、出生年月等在两次施测中不应有任何差异，大多数被调查者的兴趣、爱好、习惯等在短时间内也不会有十分明显的变化。如果没有突发事件导致被调查者的态度、意见突变，这种方法也适用于态度、意见式问卷。由于重测信度法需要对同一样本试测两次，被调查者容易受到各种事件、活动和他人的影响，而且间隔时间长短也有一定限制，因此在实施中有一定困难。

(2)复本信度法

复本信度法是让同一组被调查者一次填答两份问卷复本，计算两个复本的相关系数。复本信度属于等值系数。复本信度法要求两个复本除表述模式不同外，在内容、格式、难度和对应题项的提问方向等方面要完全一致，而在实际调查中，很难使调查问卷达到这种要求，因此采用这种方法者较少。

(3)折半信度法

折半信度法是将调查项目分为两半，计算两半得分的相关系数，进而估计整个量表的信度。折半信度属于内在一致性系数，测量的是两半题项得分间的一致性。这种方法一般不适用于事实式问卷(如年龄与性别无法相比)，常用于态度、意见式问卷的信度分析。在问卷调查中，态度测量最常见的形式是5级李克特(Likert)量表。进行折半信度分析时，如果量表中含有反意题项，应先将反意题项的得分作逆向处理，以确保各题项得分方向的一致性，然后将全部题项按奇偶或前后分为尽可能相等的两半，计算二者的相关系数(rhh，半个量表的信度系数)，最后用斯皮尔曼-布朗(Spearman-Brown)公式：2rhh/(1+rhh)求出整个量表的信度系数(ru)。

(4)α信度系数法

Cronbach 系数是目前最常用的信度系数，其公式为

$$\alpha = \left(\frac{1}{n-1}\right) \times \left(1 - \frac{\sum S_i^2}{S_T^2}\right)$$

式中：n 为量表中题项的总数，S_i^2 为第 i 题得分的题内方差，S_T^2 为全部题项总得分的方差。从公式中可以看出，α 系数评价的是量表中各题项得分间的一致性，属于内在一致性系数。这种方法适用于态度、意见式问卷(量表)的信度分析。

我们采用 α 信度系数法对公交乘客满意度进行信度分析。

对问卷种类的信度分析见表 5-1。

表 5-1　公交车信度分析

潜　变　量	Cronbach α 信度系数
感知价值	1.000
感知质量	0.908
乘客忠诚	0.857
乘客抱怨	1.000
顾客期望	1.000
乘客满意度	0.468

由上表可以看出乘客满意度模型六个变量对应的数据中响应性可信度较低，其余变量数据的 Cronbach α 系数均大于 0.7，说明整个问卷具有不错的信度。

三、数据整理

1. 样本构成分析

(1) 公交车乘客男女分布

从图 5-1 可以看出，苏州的公交车乘客的男女比率基本为 55.39∶44.61。

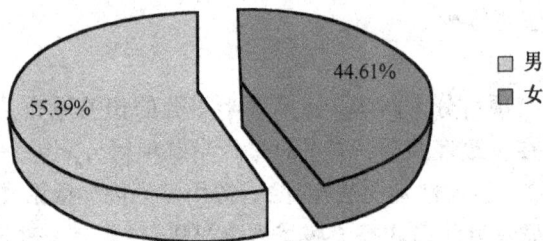

图 5-1　公交车乘客男女比例

(2) 公交车乘客年龄分布

由图 5-2 可见，苏州市公交车乘客主要由青年和中年构成，分别占总体的 45.23% 和 28.46%。说明青年和中年是公交公司的重点顾客，需随时关注他们的满意程度与抱怨情况。

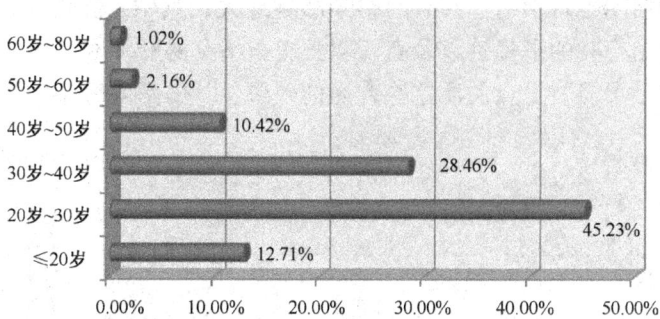

图 5-2　公交车乘客年龄的分布图

（3）公交车乘客职业分布

从图 5-3 可以看出，苏州乘坐公交车的所有乘客中，公司职员所占比例最高，为 48.51%。其次是事业单位职员和学生，分别为 19.66% 和 17.59%。另外，公务员上班乘坐公交的概率较小，仅为 2.08%。

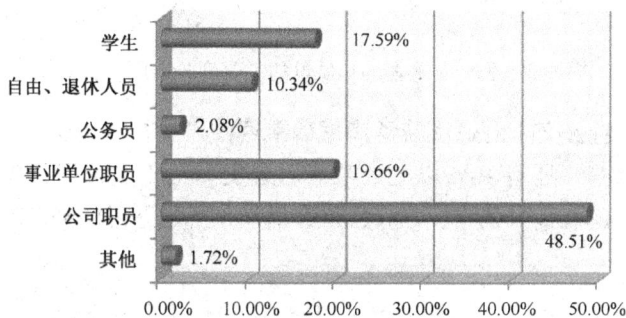

图 5-3　公交车乘客职业分布图

（4）公交车乘客乘坐公交目的分布

如图 5-4 所示，苏州公交车乘客乘坐公交车的目的最多是为了上班，其次便是购物和上学。这意味着公交公司在安排发车的时间上具有灵活性。

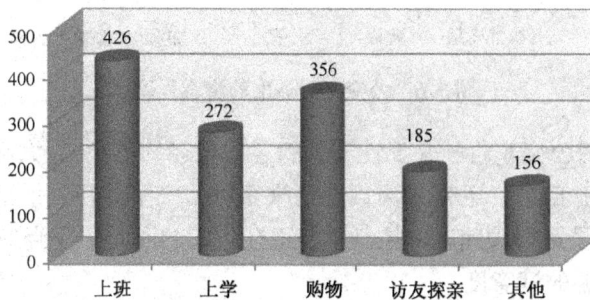

图 5-4　公交车乘客乘坐公交车目的的分布图

2. 乘客感知质量分析

从图 5-5 可以看出，在公交车乘客感知的重要度中，公交车的舒适度、行驶平稳性、站台的环境、车门的启闭等八项对于乘客的感知影响最大。其中，公交车的舒适度对于乘客最为重要，其次便是行驶的平稳性以及高峰期公交车站台的环境和行驶过程中的车门启闭情况。所以，公交公司需要重点关注这些方面的改进，以提高乘客感知满意度。下面具体画图分析。

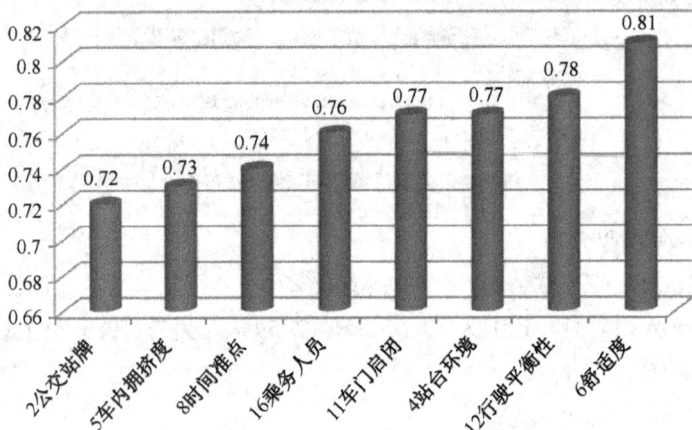

图 5-5　公交车乘客感知质量的重要度分布图（前八）

　　如图 5-6 所示，对公交车舒适度非常满意的乘客约占 7%，大部分的乘客对其持满意和一般的态度，约占 80%，还有 10% 以上的乘客对公交车的舒适度不满意甚至非常不满意。这说明在舒适度上，还有提升的空间，应为乘客提供良好、舒适的乘车环境。

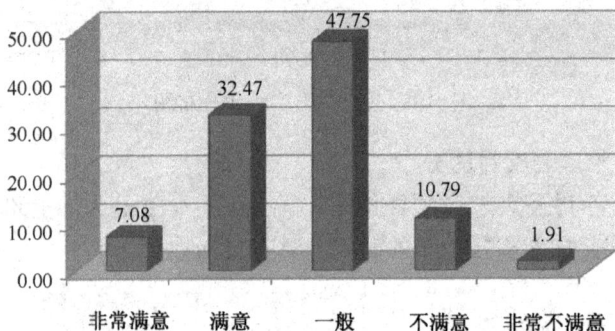

图 5-6　公交车舒适度的满意程度

　　如图 5-7 所示，对公交车行驶平稳性非常满意的乘客约占 6%，大部分的乘客对其持满意和一般的态度，约占 81%，还有 10% 以上的乘客对公交车的行驶平稳性不满意甚至非常不满意。这说明驾驶员在行驶速度的控制上，还有一定的不足，应当加强对驾驶员行驶平稳性的宣传，提高乘客的满意度。

　　从图 5-8 可以看出，乘客对高峰期站台环境非常满意约占 7.3%，持满意和一般态度的乘客相当，分别占 33.60% 和 37.87%。这说明，还有 20% 多的乘客对高峰期的站台环境不满意甚至非常不满意。所以，应当加强高峰期的公交班次以减少站台的人流，保持令人愉悦的站台环境。

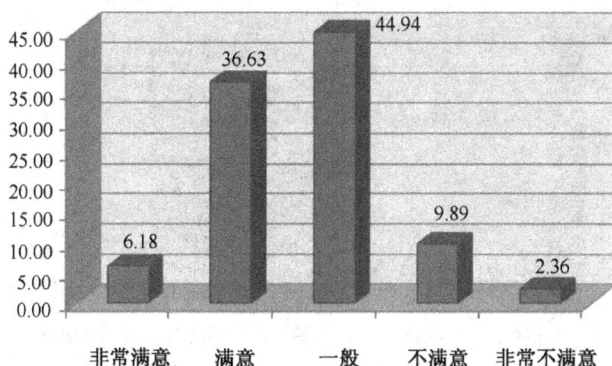

图5-7　行驶平稳性的满意程度

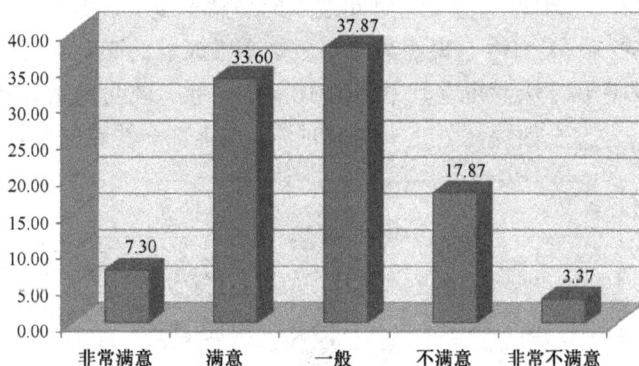

图5-8　高峰期站台环境的满意程度

从图5-9可以看出，乘客对行驶过程中车门启闭的态度基本是满意或者一般，分别占46.85%和38.54%。持不满意或者非常不满意态度的乘客比较少，分别占4.49%和2.13%。这说明，在车门的启闭上驾驶员做得比较好，但仍然需要顾及这些少部分的乘客，提高所有乘客的满意度。

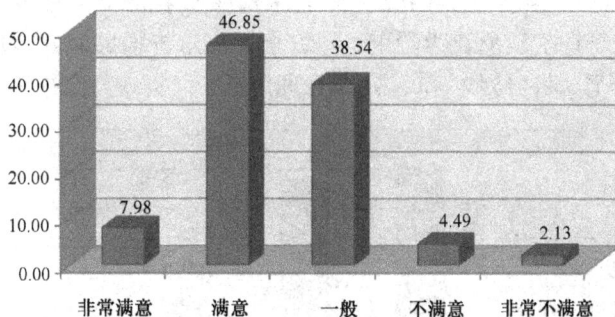

图5-9　车门启闭的满意程度

从图5-10可以看出，乘客对乘务人员服务的态度以一般和不满意为主，分别占39.21%和45.73%。而持非常满意和满意态度的乘客比较少，其总和还没有持非常不满意的人数多。这说明，乘务人员在驾驶途中的服务还有待提高。

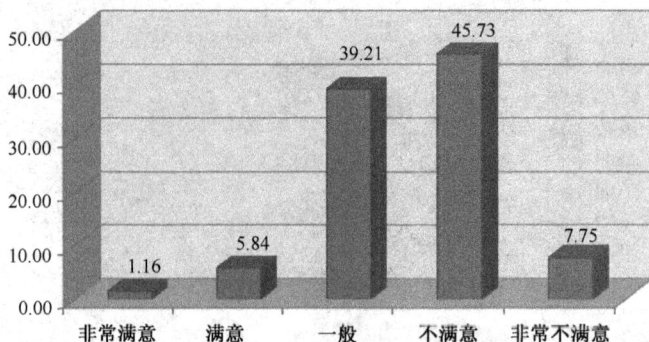

图 5-10　乘务人员的满意程度

由图 5-11 可以看出，乘客对公交车时间准点的满意程度大多数集中在一般满意和满意之间，分别为 44.16% 和 38.20%，说明乘客对公交车准时性的满意程度在可以接受的程度之内，但是非常不满意和不满意也在其中约占 10% 的比重，说明仍然有部分路线的准时性做得不到位，所以应注重全面提高公交车的准时性，加强部分线路的监管力度等。

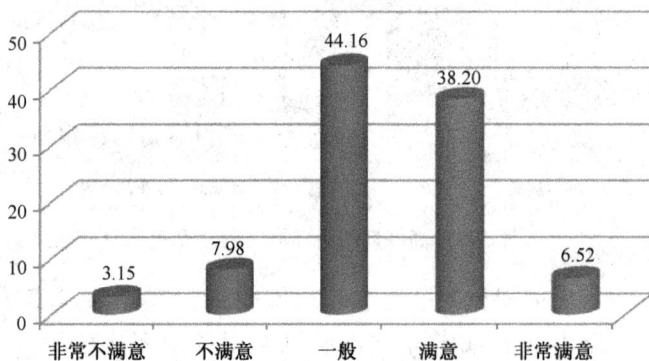

图 5-11　时间准点的满意程度

由图 5-12 可以看出，乘客对车内拥挤的满意程度中非常不满意和不满意占较大的比例，说明苏州市公交车拥挤现象较为严重，导致乘客在这方面的满意程度较低。所以应加强公交资源的合理配置，将"冷线"和"热线"合理区分，以实现公交资源的优化配置。

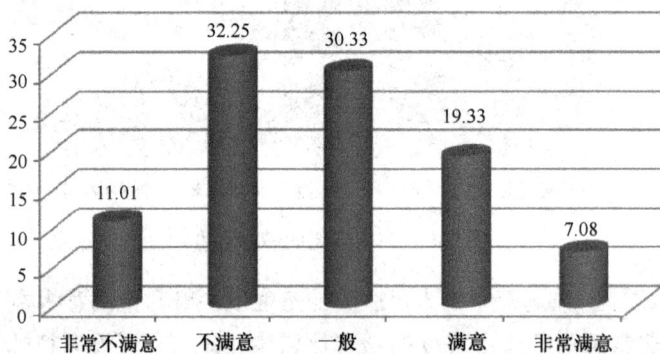

图 5-12　车内拥挤的满意程度

由图 5-13 可以看出，乘客对公交站牌的满意程度较高，乘客对公交站牌的抱怨较少，有不满倾向的在调查中仅占 6.62%，其余均表现为满意，说明苏州公交站牌环境良好，但也应全面提高全市站牌等的硬件建设，确保乘客有更高的满意程度。

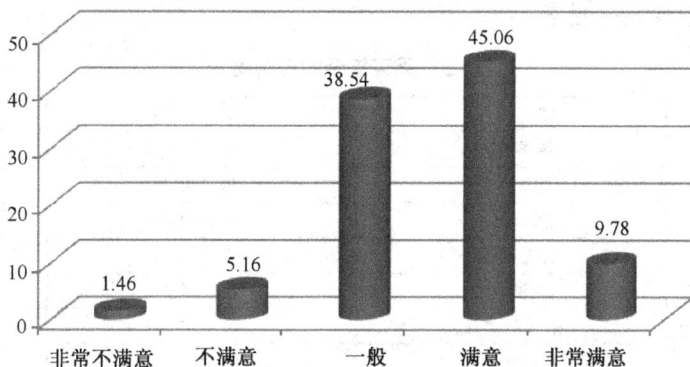

图 5-13　公交站牌的满意程度

3.乘客抱怨分析

由图 5-14 可以看出，人们遭遇急刹车、猛起步、转弯不减速、催促乘客上下车的不良行为相对更多一些，这可能与驾驶员的素质和班次的安排有关，公交公司应加强对驾驶员的培训，对班次的安排更具灵活性。同时，驾驶员抽烟、服饰不整、快车道上下乘客以及擅自改变路线等不良行为相当少，这让公交车的乘客相当满意。

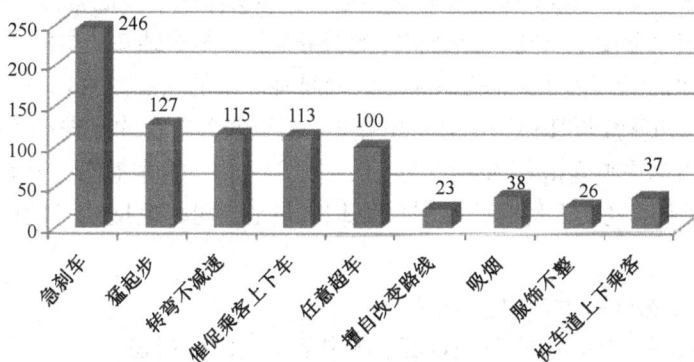

图 5-14　驾驶员不良行为的频数分布图

第二节　公交车乘客满意度分析

对公交车乘客满意度采用 SMART-PLS 软件来进行参数估计。通过这个软件计算，可以得到潜变量之间的路径系数、潜变量与显变量之间的载荷系数和指标权重。通过这些数据进行乘客满意度分析。

一、 PLS 结果分析

1.乘客综合满意度得分

乘客综合满意度得分见表5-2。

表5-2　乘客综合满意度得分

维　　度	得　　分
乘客期望	72.639 8
感知价值	70.406 3
感知质量	67.770 6
乘客抱怨	43.066 1
乘客忠诚	74.724 4
乘客满意度	65.398 5
乘客综合满意度 PSI	56.27

表 5-2 是苏州市公交乘客综合满意度得分，本次调查中乘客综合满意度得分为 56.27，综合满意度得分反映了人们对现在公交服务的整体满意程度，公交服务面向的是乘客，乘客对公交服务总体满意度的提升也是公交服务质量提升的一个重要指标，本次满意度得分虽然在可接受范围内，但是仍然有很大的改进空间。由表中得分可以看出得分最高的是顾客忠诚，为 74.724 4。由于现代城市中人们日常的出行方式比较固定，所以表现为对某一出行方式比较忠诚，当然乘客忠诚和公交良好的服务也有很大的关系。得分排名接下来依次是乘客期望、感知价值、感知质量和乘客抱怨，感知质量和乘客抱怨相对较低，乘客对服务质量的感知在很大程度上反映了公交实际的服务水平，本次感知质量的得分为 67.770 6，低于期望和其感知价值，说明乘客感知和期望之间有一定的差距。乘客感知价值体现在公交票价的支出，感知质量与其相比也有一定差距，所以服务质量的改进仍然有很大的空间。在模型中考量的指标中乘客抱怨的得分远远低于其他几项，乘客抱怨与其他潜变量的作用相反，抱怨得分较低，说明人们对公交发展比较有信心，同时也反映了前面提到的乘客忠诚得分较高。

2.公交潜变量载荷因子分析

如图 5-15 所示是利用 ACSI 模型计算，图中箭头上的数据表示某一变量对箭头指向方向变量的直接影响状况，箭头上的数据越大，表示这一变量对其箭头指向变量的影响程度越高。从图中可以分别看出乘客期望、感知质量、感知价值对乘客满意度的直接影响状况和乘客满意度与乘客抱怨和乘客忠诚之间的影响状况。由以上模型的计算可以看出感知质量对乘客满意度的直接影响较大(0.578)，而乘客期望和感知价值对整体满意度的直接影响相对较小(分别为 0.089 和 0.156)，这与公交行业的特点有关，乘客对公交服务质量有较多的认识和感知，但对其期望往往忽视或对其判断整体的满意度影响不高。同时影响公交整体满意度的还有乘客感知价值，乘客感知价值是由其期望和实际感知质量决定的，当期望大于实际感知质量时，乘客对感知价值的满意程度较低，而当实际感知质量大于其期望时，对应乘客对感知价值的满意程度较高。与顾客满意度相同的是乘客的感知质量对感知价值的直接影响程度较大，而乘客期望对感知价值的直接影响较小。乘客满意度影响了乘客忠诚和乘客抱怨，当乘客满意度较低时，由箭头上的数据可以看出乘客满意度对顾客抱怨的直接影响为负数（-0.466），而对乘客忠诚的直接影响为正（0.266），表示满意度升高的同时会升高乘客的忠诚而降低乘客的抱怨；并且满意度对乘客抱怨直接影响较大，而对顾客忠诚影响相对较小。

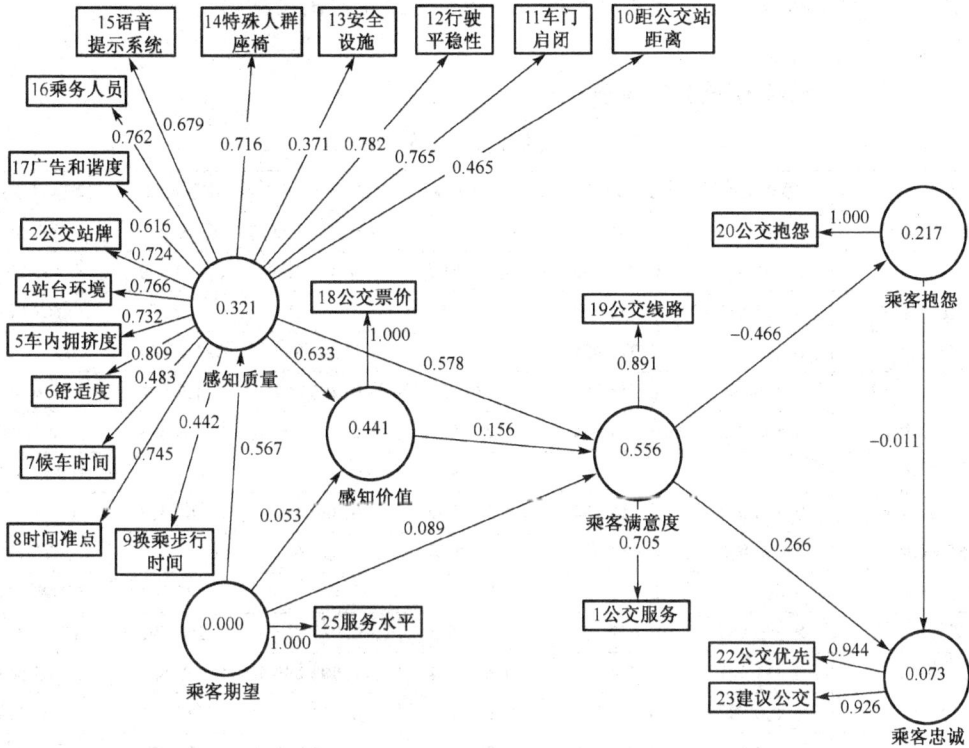

图5-15　公交潜变量载荷因子图

3. 隐变量各项统计指标值分析

隐变量各项统计指标值分析见表5-3。

表5-3　隐变量各项统计指标值表

维　度	均方差	组合维度	相关系数	信度系数（α）
感知价值	1.000 000	1.000 000	0.441 535	1.000 000
感知质量	0.451 349	0.921 911	0.321 076	0.907 938
乘客忠诚	0.874 023	0.932 769	0.018 113	0.856 826
乘客抱怨	1.000 000	1.000 000		1.000 000
乘客期望	1.000 000	1.000 000		1.000 000
乘客满意度	0.643 060	0.779 827	0.567 722	0.467 846

表5-3是对各个隐变量指标值的计算结果，通过比较隐含变量的平均提取方差（AVE）来判断隐含变量从测量变量处获得的解释信息的能力大小，一般认为AVE大于0.5时是合

理的,表中除去乘客感知质量的 AVE(0.451 349 0)小于0.5 之外,其他隐含变量的 AVE 均大于0.5,说明这几个隐含变量从对应的测量变量中获得了程度较高的变异信息。Cronbachs Alpha 和 Composite Reliability 分别反映的是各个隐变量的信度系数和组合信度系数,一般认为其系数大于0.7 表示数据有较高的可靠性,本次中除去乘客满意度对应的数据统计其信度较低外,其余数据均有较高的可靠性。关于 R Square,表示乘客满意度被其他分变量解释的情况,除去乘客忠诚之外,其余的均在可接受范围之内。

4.改进矩阵分析图对应项分析

改进矩阵分析图对应项分析见表5-4。

表5-4 改进矩阵分析图对应项

指 标	感知价值	感知质量	乘客忠诚	乘客抱怨	乘客期望	乘客满意度
10 距公交站距离	0.242 550	**0.464 560**	0.279 793	-0.229 966	0.210 576	0.299 053
11 车门启闭	0.554 453	**0.765 475**	0.218 802	-0.333 150	0.429 980	0.543 832
12 行驶平稳性	0.524 552	**0.782 054**	0.215 955	-0.413 995	0.459 283	0.567 023
13 安全设施	0.197 564	**0.371 079**	0.514 555	-0.081 875	0.278 604	0.264 091
14 特殊人群座椅	0.486 996	**0.715 760**	0.228 838	-0.256 491	0.452 014	0.476 605
15 语音提示系统	0.500 973	**0.678 674**	0.245 033	-0.348 450	0.433 298	0.502 700
16 乘务人员	0.572 489	**0.762 127**	0.232 415	-0.425 967	0.487 107	0.531 061
17 广告和谐度	0.386 901	**0.616 196**	0.285 869	-0.366 859	0.363 324	0.483 645
18 公交票价	**1.000 000**	0.662 990	0.186 076	-0.415 601	0.411 739	0.575 970
19 公交线路	0.612 370	0.695 849	0.219 858	-0.440 865	0.476 741	**0.890 681**
1 公交服务	0.250 965	0.447 899	0.223 955	-0.287 264	0.263 891	**0.704 888**
20 公交抱怨	-0.415 601	-0.514 100	-0.134 334	**1.000 000**	-0.362 865	-0.465 547
22 公交优先	0.166 792	0.303 747	**0.944 263**	-0.143 380	0.239 441	0.269 174
23 建议公交	0.182 486	0.318 972	**0.925 661**	-0.105 345	0.271 803	0.234 977
25 服务水平	0.411 739	0.566 595	0.272 013	-0.362 865	**1.000 000**	0.481 112
2 公交站牌	0.461 599	**0.724 316**	0.249 019	-0.371 106	0.392 917	0.545 880
4 站台环境	0.472 617	**0.766 313**	0.240 449	-0.377 326	0.427 108	0.565 675
5 车内拥挤度	0.464 127	**0.731 796**	0.137 396	-0.399 997	0.330 707	0.559 653
6 舒适度	0.521 841	**0.809 424**	0.195 785	-0.472 293	0.421 042	0.623 437
7 候车时间	0.291 055	**0.482 647**	0.050 136	-0.328 562	0.257 024	0.413 724
8 时间准点	0.524 327	**0.744 905**	0.197 769	-0.420 542	0.401 827	0.530 497
9 换乘步行时间	0.224 136	**0.442 074**	0.288 364	-0.192 343	0.230 859	0.303 684

表5-4 是测量模型中交叉因子的载荷系数表,表示其除了自身的影响因子(上表中加粗的数值)之外的其他因子对各个隐变量的影响程度。从表中可以看出,因变量直接的影响因素对其的影响程度远大于非直接影响因素,这充分证明了模型建立的可靠性,就实际意义而言,乘客最终满意度由很多不同的因素决定,可以根据非直接影响变量对其影响程度而更加准确地了解其影响因素及影响程度。

5.总体交叉效用系数表

总体交叉效用系数表见表5-5。

表5-5　总体交叉效用系数表

	感知价值	感知质量	乘客忠诚	乘客抱怨	乘客期望	乘客满意度
感知价值	1.000 000					
感知质量	0.663 040	1.000 000				
乘客忠诚	0.185 937	0.332 057	1.000 000			
乘客抱怨	−0.415 601	−0.514 049	−0.134 584	1.000 000		
乘客期望	0.411 739	0.566 636	0.271 744	−0.362 865	1.000 000	
乘客满意度	0.580 250	0.733 938	0.269 894	−0.466 613	0.483 149	1.000 000

表5-5是各个隐变量相互之间的效用系数表，在上面的模型中箭头直接指向的双方具有直接的影响，而互不相邻的两两之间其间接影响程度可从上表中表示，如上表中乘客抱怨对感知质量、感知价值和乘客忠诚均有较大的负方向影响，其效用系数分别是−0.514 049，−0.415 601和−0.134 584，而同样的是感知质量、感知价值和乘客满意度对乘客抱怨有较大的负方向影响。下面根据相互之间影响程度较大的各隐变量之间做一简单的分析。就感知价值而言，因为感知质量和感知价值具有最直接的影响关系，所以其之间的效用系数最大，为0.663 040，除此之外，乘客满意度相对于感知价值而言其效用系数也较大，为0.580 250。而对于感知质量，乘客满意度与其之间的效用系数最大，达到0.733 938。对乘客忠诚的效用系数影响较大的隐变量则有乘客满意度和乘客期望，乘客满意度在模型中与乘客期望具有直接的影响关系，而乘客期望则与乘客满意度没有直接的联系，但仍然有较大的影响。乘客抱怨则是上面提到的与其他几项均有相反的影响关系，即其对其余几项的效用系数均为负数。

二、改进矩阵分析

1.改进矩阵图

改进矩阵分析图如图5-16所示。

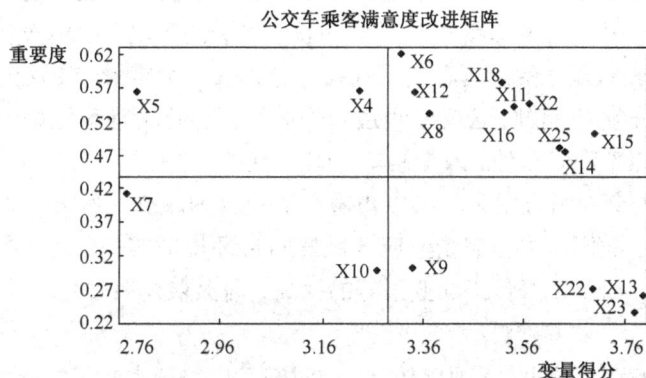

图5-16　改进矩阵分析图

表5-6列出了图5-16中对应序号的内容。

表5-6　改进矩阵分析图对应项

题 号	问 题	题 号	问 题
X2	公交站牌	X12	行驶平稳性
X4	站台环境	X13	安全设施
X5	车内拥挤度	X14	特殊人群座椅
X6	舒适度	X15	语音提示系统
X7	候车时间	X16	乘务人员
X8	时间准点	X18	公交票价
X9	换乘步行时间	X22	公交优先
X10	距公交站距离	X23	建议公交
X11	车门启闭	X25	服务水平

由图5-16、表5-6可以看出，本次测评问卷中只有较少部分落在改进区域：分别是X4（站台环境）和X5（车内拥挤度）；因为区域的划分是相对的，中心原点位置并非一成不变，当服务表现普遍得到提升、变量的分值增大时，中心原点位置会向"右"偏移。从改进矩阵中也可以看出，X6（舒适度）和X7（候车时间）三个问题的重要度很高，但是相对应的满意度却不高。所以，在继续保持优势的基础上，未来应将这几个方面作为改进重点，见表5-7。

表5-7　改进要点前4项

题 号	NPI
X5（车内拥挤度）	24.68
X6（舒适度）	20.94
X4（站台环境）	19.99
X7（候车时间）	18.44

从表5-7可以知道，公交车的车内拥挤度、舒适度、站台环境以及候车时间是乘客最关注的几个方面，同时也应该是公交企业需要重点改进的地方。对于这几个方面，我们认为可以通过建设快速公交系统来解决。快速公交系统是介于快速轨道交通与常规公交之间的新型公共客运系统。快速公交系统由专用的路权、先进的车辆、设施齐备的车站、面向乘客需求的线路组织和智能化的运营管理系统几部分构成。大容量、高性能的车辆可以有效缓解常规公交车辆的拥挤问题，公交专用道和先进的智能化管理系统可以有效提高快速公交的运营速度、准点率和安全性，减少候车时间。当然，这需要与私家车、出租车之间进行权衡，因为，开辟公交专用道意味着城市普通车道数目的减少，私家车和出租车可能会面临交通拥堵。此外，我们认为公交企业应该做好站台环境的维护，满足乘客对整洁、卫生的乘车环境的需求，以及做好员工职业素养的提高，确保乘客乘公交出行心情舒畅。

2.优势领域

由改进矩阵图解可以得出，重要度较高、同时满意度得分也较高的变量所处区域即优势领域。从理论上来讲，优势问题的确定有以下几个原则：首先，NPS（优势度）的排名，NPS越大代表优势越大；其次，变量得分不低于64.48，因为乘客满意度的分值是64.48，既然是优势满意度得分，就不能低于乘客满意度得分；另外，重要度不能小于0.425（重要度中值）；最后，变量要落在改进矩阵图的优势领域。

根据以上理论可以得出以下四大优势选项，见表5-8。

表5-8　四大优势选项

题　号	NPS
X18（公交票价）	40.55
X2（公交站牌）	38.95
X11（车门启闭）	38.51
X12（行驶平稳性）	37.94

从表5-8可以看出，乘客对于公交票价、公交站牌、车门启闭以及行驶平稳性等问题的感知程度是较好的。从现实角度考虑，这几方面能得到乘客较高认可，是与公交公司的优惠政策息息相关的，苏州现有的票价体系中包括老人卡、学生票、月票和一般投币，其中老人卡乘车免费，学生票半价，月票打8折，这无疑在很大程度上降低了乘客的出行费用。此外包含车次、乘车路线、始末班次时间的清晰明了的站牌在苏州随处可见。随时可听见的语音提示，所到站及开门、关门提醒，让乘客顺利安全抵达目的地。当然，行驶平稳性更是乘客随时即可感受到的，而苏州乘客对此的评价较高，很大程度上肯定了公交的安全可靠性。综合以上几点，应该继续保持在这几方面的优势。

第三节　影响公交车乘客满意度指数的因素分析及建议

一、影响公交车乘客满意度指数的关键因素分析

根据公交车行业的特点和乘客需求，并在大量调研的基础上，得出影响苏州公交车行业乘客满意度的主要因素如下。

1. 舒适与安全

舒适：公交的拥挤程度、站台环境、公交站牌、广告的和谐度、舒适度、语音提醒、特殊人群的座位设立情况、乘务人员的态度等。

安全：车门的启闭、行驶的平稳性等。

2. 方便与经济

方便：乘客到达站点的步行时间、候车时间，换乘是否便利以及公交的服务时间能否满足绝大部分乘客的作息时间等。

经济：公交票价是否合理等。

3. 迅速与准确

迅速：候车时间、行驶速度等。

准确：按既定公交路线行驶、站台是否依次停留等。

当然，这些因素的重要程度并不是同等重要的。

二、对策与建议

城市公共交通是与人民群众生产生活息息相关的重要基础设施，对公众谋生和发展起着越来越重要的作用。从调查数据处理的结果发现，苏州公交车行业应采取如下措施，来提高乘客满意度。

1. 加强基础设施建设

基础设施建设在公交发展过程中具有至关重要的意义，在本次调查中，乘客对基础设施关注较多但是满意度却很低，如乘客对站台环境、车厢内整洁、拥挤程度等很注重，但满意度均较低，说明基础设施建设还存在很大的改进空间。在如今多种交通工具并行的情况下，要实现优先发展公交的目标，必须全面改善公交服务过程中的各个环节，加强基础设施建设，提升乘坐公交的舒适程度，以全面提高乘客对公交的满意程度。

2. 加强资源优化配置

公交资源在一定程度上决定了公交的发展现状，所以实现公交资源的优化配置在提高整个城市公交乘客满意度方面具有重要意义。具体体现在公交线路的合理划分、公交车次的数量、公交站台是否便利、"冷线"和"热线"是否理性区分对待，公交时间间隔是否合理等方面。在本次调查中，对车厢拥挤程度，虽然大多数表现为满意到较为满意，但仍有部分乘客对这些表现为不满意或非常不满意，说明存在部分路线公交资源相对不足，而部分路线过剩等现象。

3. 加强乘务人员素质建设

加强乘务人员素质建设包括两个方面，一是人文素质建设，包括文明用语、耐心服务、礼貌待人等。在本次对乘务人员的满意度调查中，仅有不到10%的乘客表示非常满意或满意，而超过90%的乘客则表示一般、不满意或非常不满意，乘务人员作为直接和乘客接触的工作人员，其表现对乘客满意度有重大影响，所以加强乘务人员素质建设至关重要。二是硬件技术素质，本次调查对驾驶人员的不良行为作了调查和统计，乘客遭遇较多的有急刹车、猛起步、转弯不减速、催促乘客上下车、任意超车、任意改变路线等行为。这对公交服务的满意度造成了很大的影响，所以应加强驾驶人员驾驶技术及操作准则、规范驾驶等的培训。

研究表明，结合乘客满意度模型作为公交车服务质量评价方法是可行的，这种方法可以分析评价公交车服务企业的服务质量，找出不足之处，制定相应的改进措施，明确未来管理的重点，进行科学有效的服务质量管理。

虽然服务质量和乘客满意度之间的因果关系没有定论，但是近年来学术界还是多数认为服务质量是顾客满意度的前提，顾客可通过事先服务质量的期望及事后服务质量感知之间的差距来评定其对于服务质量的满意度。从本章的苏州公交车乘客满意度的测评过程也可以发现服务质量的好坏、服务水平的高低将影响乘客满意度评价的高低。

小　结

本章是在结合前几章有关顾客感知服务质量以及评价方法的理论基础上，将 SE-RVQUAL 评价方法中涉及的五个维度作为顾客满意度模型中感知质量的五个评价维度，将这样构建的感知质量与顾客满意度模型中其他潜变量组成一个新的满意度评价方法，应用到公交车服务质量的评价当中，根据实地实时采取的数据，进行了合理的数据处理和分类，并最终予以量化处理，利用 SMART-PLS 软件来进行参数估计，得到了潜变量之间的路径系数、潜变量与显变量之间的载荷系数和指标权重。

最后，根据构造的 ACSI 模型，分析得出了影响公交车乘客满意度指数的因素并给出了相应的建议和对策。

思　考

结合所学的服务质量评价方法，参考本章方法，进行实证研究。

第六章
服务质量管理体系

服务质量管理与制造业的产品质量管理具有同等重要的地位。但是由于服务有别于生产和制造,加上服务过程又是以人的接触为主,因此在质量的管理上比制造业困难,但由于企业对质量的要求是相同的,所以建立一套较为完整的服务质量管理系统对于企业来讲同样重要。

在服务质量管理中,强调以顾客为中心,即顾客满意的服务体系。所谓顾客满意的服务体系,其核心思想是企业的全部经营活动都要从满足顾客的需要出发,以提供满足顾客需要的产品或服务为企业的责任和义务,以满足顾客需要、使顾客满意为企业的经营目的。其中的顾客,一是指企业内部成员,主要包括企业的股东、员工,此外企业中的供、产、销及其他职能部门之间、上下工序之间也存在着顾客关系;二是指外部顾客和用户,即凡是购买或可能购买本企业产品和服务的个人或团体。顾客概念的延伸,使得股东、员工、消费者等融为一体,他们都成为顾客链上的一个环节,因为只要每个环节保证使其顾客满意,最终就能达到顾客满意的目的。

制定和实施顾客满意的服务管理体系需要组织中每个人的参与和支持,所有员工都必须认同良好的服务,这就需要倡导一种以顾客为中心的企业文化,这种文化的核心是顾客导向和质量意识,每个人都为内部、外部的顾客提供良好的服务,它是每个人都遵守的行为准则之一,也是企业的核心价值观。

第一节 服务战略的制定

一、制定服务战略的分析框架

服务战略是服务企业带有全局性或决定全局的谋划,它体现了服务企业的愿景与使命,确定了服务企业的目标与任务。与制造企业的战略不同,服务战略包括与服务传递直接相关的运作与营销等问题。因此,服务战略回答企业想要做什么、可能做什么、应该做什么和打算怎么做的问题。制定服务战略需要从以下几方面着手分析。

第一,明了服务竞争的环境,明确企业愿景与使命,阐述企业向顾客提供的价值(回答想要做什么)。

第二,把握外部服务环境中技术、市场、产业和政策所提供的机遇(回答可能做什么)。

第三,判断行业竞争态势,明确企业受到的压力(回答应该做什么)。

第四,分析企业自身的资源和能力(回答怎么做)。

简而言之,服务企业有效制定服务战略决策的前提是对企业的外部环境和企业内部因素进行全面、准确的分析。

如图6-1所示是制定服务战略的分析框架。

制定服务战略的内部因素分析包括两类因素。

因素1:企业内部条件,包括企业资源、能力优势与劣势。

因素2:企业家(战略制定者和实施者)的创新精神与价值观。

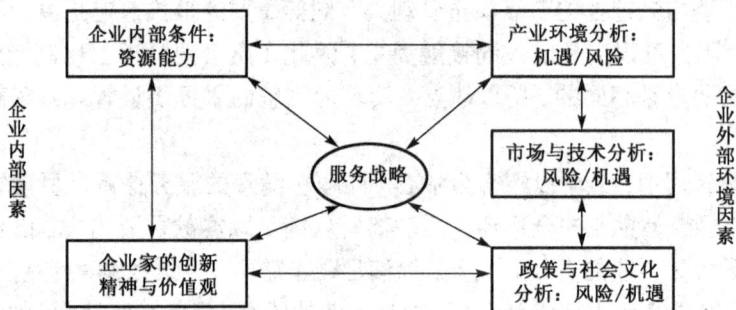

图 6-1　制定服务战略的分析框架

制定服务战略的外部环境因素分析包括四类因素。

因素 1：产业环境，包括对具体服务行业生命周期和行业竞争环境的分析，其中行业竞争的分析对象包括新进入者、顾客、供应商、竞争者和替代者。

因素 2：市场分析，包括对已有和潜在市场成长阶段、细分市场、服务市场发展趋势等的分析。

因素 3：技术分析，包括新技术带来的发展机遇、替代技术的威胁、技术应用带来的赶超机遇以及对技术发展趋势的分析等。

因素 4：政策与社会文化分析，政策因素包括国家宏观政策、法律制度、行业政策（规制）以及对服务行业发展起重要作用的组织机构（如消费者权益保护组织、服务行业协会等），社会文化要素分析包括对基本信仰、价值观、习惯、人口构成和生活准则等的分析。

本书的服务战略分析框架将技术、市场、政策与文化、企业家创新精神等要素单独提炼出来，是为了突出中国环境下服务企业战略制定的独特性。

第一，中国服务行业处于产业生命周期的早期，面临着独特的开放式的全球化竞争环境，这与发达国家服务业早期的发展环境有很大不同，战略制定的思路应有所侧重。

第二，信息技术与各种行业专业技术的发展日新月异，在这种背景下制定服务企业战略必须考虑技术的发展阶段、趋势和替代技术等因素的影响。

第三，中国的服务市场具有潜力巨大、成熟度（发展阶段）低、极化特征明显、管制逐步放松的特点。此外，服务企业越来越走向国外而展开国际化竞争，在这种背景下制定服务战略要充分考虑中国和全球市场发展的特点。

第四，企业家的创新精神在中国服务业的发展过程中发挥着独特作用，很多按照常规分析不可能制定和实施的服务战略，在企业家精神的推动下得以出现和实施并最终获得成功。

第五，政策规制对服务企业制定战略的影响要大于制造业。中国加入 WTO 后政策壁垒逐渐降低，政策规制逐渐减少，这对我国服务企业的发展带来了机遇和挑战，如何在服务战略中考虑政策规制的变化需要战略制定者引起重视。

第六，我国具有独特的社会文化背景，它对服务战略决策的成功与否起着潜在的重要作用，是服务企业管理者制定战略时必须考虑的重要因素。

二、环境分析：产业/技术/市场/政策

(一)服务竞争环境的一般特征

服务竞争环境具有如下特征。

1.进入壁垒低

(1)政策壁垒低：除一些政策严格规制的行业(如金融服务、航空运输)外，大多数服务行业的政策进入壁垒较低。

(2)资金和技术壁垒低：在许多情况下，服务业不是资本和技术密集型的，进入和退出壁垒较低。

(3)有效保护难度大：服务的无形性导致服务创新难以保护，竞争者容易模仿，知识产权保护的作用有限。

2.难以形成大规模供给

服务生产和消费的同时性导致顾客出现在服务过程中，顾客需要在服务场所与服务人员接触，这限制了服务的市场范围，因此较难实现大规模供给。当然，现代技术创新和商业模式创新，在一定范围内为规模化提供了新的可能性。例如，当前流行的特许经营商业模式通过联合采购和分摊广告支出可以带来规模经济，新型交易方式(如电子商务)也可以扩大服务的市场范围，产生一定的规模经济。

3.需求波动大

服务需求的变化往往受到季节性(如旅游业)、时间段(如餐饮业)及其他多种主客观因素的影响，需求波动大。服务又无法在需求低谷期储存以供需求高峰期使用，导致难以匹配服务供求关系。

4.替代风险大

服务业中的替代作用包括三类：首先，服务功能可以由产品创新实现产品化的替代，如洗衣机替代洗衣服务；其次，不同服务行业之间的替代，如铁路运输与公路运输间的替代；最后，潜在的服务创新也可能替代现有服务，如固定电话对电报、移动电话对固定电话的替代。因此，服务企业在制定战略决策时，必须关注行业内和行业间的潜在替代品，尤其要重视创新对现有服务的替代效应。

5.顾客忠诚非常关键

与制造业相比，顾客与服务提供者的接触更为密切和广泛，顾客的感受对再次消费及其波及影响更为突出，因而顾客忠诚更为重要。

6.服务提供与接受的交通成本昂贵

制造业的供应商和消费者都保持在各自位置，只有实物产品发生位移。服务生产与消费的同时性要求生产者与消费者来到同一交易地点(某些电子、互联网服务不用)，要么是顾客走向供应商，要么是供应商走向顾客，需要有一方发生位移。这带来了高昂的交通成本，会严重限制服务的区域范围。正因如此，服务的便利性成为衡量服务的重要标准。

7.政府作用显著

政府对服务业的发展起着非常重要的作用，政府管制的放松或加强会直接影响服务行

业的发展走向与竞争程度。一国的社会-经济-政治结构发生变化会给服务业发展带来许多机遇。例如,中国由传统的计划经济向社会主义市场经济的转型,推动了证券业、银行业和保险业的蓬勃发展。

服务竞争环境的上述特点在不同服务行业中的表现形式有较大差异。服务企业在制定战略决策时,应首先对本行业的竞争环境特点做出准确判断。

(二)产业分析

对服务产业的分析应从产业生命周期和产业竞争环境两个角度入手,以发现产业发展中存在的机遇与挑战。

1. 产业生命周期分析

与制造业类似,服务业的生命周期也包含四个阶段:导入期、成长期、成熟期和衰退期,如图6-2所示。在不同阶段,服务企业的战略选择应有所差异。

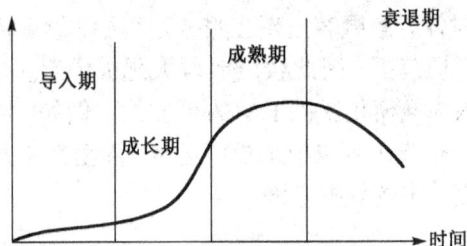

图6-2　服务业的生命周期

(1)导入期

一项新服务或已有服务的新形式被引入的时期,称为导入期。很多新服务在导入期就会遭到失败。服务业的一大优势是许多新服务可以小规模地引入,因此很多情况下失败造成的损失较小。导入期的特点与可能采取的战略见表6-1。

表6-1　导入期的战略选择

产业特点	战略选择
竞争者很少	用户参与服务设计
边际利润低	识别早期采用者
现金流为负	开发服务产品原型
市场不易细分	从早期采用者那里获取反馈
	启动行业需求
	尝试性的供应
	形成积极的口头传播

导入期的大部分新服务没有或几乎没有直接竞争对手。由于服务创新难以获得专利保护,因此很快会被竞争对手模仿。新服务的导入期通常相当短,成功引入的新服务会快速进入成长期,而不成功的引入会导致服务消亡。

让消费者参与新服务设计是使消费者接受新服务的可行战略,这有利于服务企业通过开发服务原型对不同形式的新服务进行试验,使服务企业容易识别新服务的早期采用者;而通过消费群体的反馈可以调整新服务,为将来的新服务提供蓝图。一旦服务原型得到充分检验与发展,服务企业即可大范围地向市场投放新服务。例如,北京簋街的麻辣小龙虾在正式推出之前的一段日子,每晚都让一大批白领作为"试吃族"免费试吃,当获取到顾客足够的反馈并经过多次改良后,麻辣小龙虾正式推向京城美食市场,形成了独特的"麻小文化"。

在导入期,服务企业可能通过新服务的导入来启动行业需求。例如,俞敏洪1993年提出的出国英语培训概念虽然不是一个新概念,但当时需求处于零散的状态,而且潜在的需求尚未释放出来。俞敏洪将"新东方"作为一个品牌投放市场后,启发了潜在需求者的认知,在不太长的时间内,"新东方"在全国迅速得到推广,形成了巨大的英语培训市场。

(2)成长期

在成长期,行业快速发展,大部分企业获得正向的现金流。随着边际利润增加,更多新企业被吸引加入,竞争加剧,导致市场细分开始出现。由于行业的快速成长和竞争的不断加剧,供应商需要培育可持续的竞争优势,包括选择竞争战略、培育顾客忠诚、开发品牌偏好等。成长期的特点与可能采取的战略见表6-2。

表6-2　成长期的战略选择

产业特点	战略选择
行业迅速成长 正向现金流出现 高利润	培育和扩大竞争优势 开发品牌偏好 培育顾客忠诚,形成重复购买行为
新公司进入 竞争加剧 市场细分明显	

(3)成熟期

在成熟期,行业销售水平开始下降,企业只能从竞争对手那里抢夺市场份额,因此竞争更加激烈。竞争的结果是行业总体利润下降,实力不强的企业退出行业。在成熟期中,行业内的企业之间差异较小。成熟期的特点与可能采取的战略见表6-3。

表6-3　成熟期的战略选择

产业特点	战略选择
行业水平下降 竞争激烈 弱势企业震荡出局 市场细分明显 行业内企业间差异小	降低经营成本 强调通过技术提升服务质量 强调基于功能的服务质量提升 关注特定的细分市场 增加互补性服务 推出强有力的广告 通过并购扩大规模

（4）衰退期

在衰退期，行业销售继续下降，这主要是由于需求的转移或替代性的产品或服务出现。例如，随着家庭居住条件的改善，大众公共浴室逐渐萎缩。衰退期的特点与可能采取的战略见表6-4。

表6-4 衰退期的战略选择

产业特点	战略选择
行业销售下降	放弃
竞争程度降低	收获
现金流较低	精简
利润下降	复兴

在衰退期，企业有四种战略可供选择。

第一种战略是放弃战略，指企业选择放弃服务。关键是放弃时间的选择，出售服务业务的最高价格应是在衰退早期或成熟晚期。

第二种战略是收获战略，指企业应在停止该服务前获取最大利润。

第三种战略是精简战略，指减少服务的种类，保留有利可图的服务项目，终止无利可图的服务项目。这适用于有多种服务业务的大型服务企业。

第四种战略是复兴战略，指通过发现当前服务的新用途去吸引当前目标市场和其他目标市场的顾客。复兴战略的目标是将生命周期恢复到成熟阶段。例如，在大众公共浴室需求萎缩后，一些企业致力于高档洗浴服务，随后一批高档洗浴中心应运而生。

2. 产业竞争环境分析

与制造业的产业分析类似，利用波特的五力模型同样可以对服务行业的结构和经营环境进行分析，但其内涵与制造业有所不同。

（1）新进入者的威胁

新进入者进入市场会导致市场格局发生变化，服务行业进入威胁的大小取决于新进入者所面临的进入障碍和已进入者的反击力度。可能阻止新进入者的进入壁垒包括如下几项。

①规模经济：指通过大规模经营、降低单位服务成本所构成的壁垒，如航空运输业、物流业、旅游业等。

②创新业务：指通过不断的业务创新来构筑进入障碍，如银行金融衍生产品的不断推出。

③资本需求：指某些资本密集型服务行业的进入和发展需要大量资金投入，如证券投资、网络游戏产业等，这对新进入者构成了巨大的资本障碍。

④资源垄断：指由于服务企业拥有垄断性资源而获取的强大的进入壁垒，如天然旅游景点对于独特旅游资源的独占（九寨沟、万里长城等），业内形成的独特的品牌资源也是一种巨大的进入障碍（餐饮业的麦当劳等国际巨头）。

（2）替代威胁

替代威胁在服务行业中表现得尤为明显。例如，运输业中的航空运输、火车、汽车以及轮船彼此都构成了替代威胁。一种运输工具服务的创新、质量的变化、价格的波动都可能引起其他运输服务的相应调整。服务企业在制定战略决策时，必须充分意识到所处行业类型以及与相关产业之间的关联性和替代性。

（3）买方（顾客）砍价能力

买方砍价能力的强弱会直接影响服务企业的利润，如大宗服务业务的购买者往往拥有很强的砍价能力，这广泛存在于长途运输、旅游、金融证券和教育产业中。例如，旅行社在为团体客户预订酒店房间时能够获得比散客预订低得多的折扣。买方的砍价能力还与服务提供商的地位有关，如管理咨询业在中国的发展极为迅猛，但真正能获得客户认可与业内认同的知名企业可能只有十几家。在这种情况下，客户在与这十几家咨询公司的谈判中往往会处于弱势地位。

（4）供方（供应商）砍价能力

不同服务行业对供应商的依赖程度有较大差异。对那些实体产品在服务业务中所占比重较大的服务行业而言，供方砍价能力非常重要。例如，在客运服务中，运输工具（车辆）的质量、价格对客运企业的定价、利润、服务水平等均产生直接影响；在加油服务中，油品的供应将直接影响加油站的经营成果与服务质量。

（5）竞争对手

服务领域展开竞争的主要手段包括价格竞争、新服务开发、广告、差异化定位、客户资源管理等，服务行业的经营模式很容易受到竞争对手模仿，这就要求服务企业不断创新，提升顾客满意度和忠诚度。这些策略的选择取决于企业所处的具体行业、在行业中的竞争地位以及企业自身的定位。

（三）技术分析

技术对服务的关系包括"替代关系"（技术对服务人员的替代）、"定义关系"（新技术的出现定义了新服务的发展）、"决定关系"（技术创新对新服务的出现或现有服务功能的改变具有决定性作用）。因此技术对服务企业的战略决策具有重要影响，它会同时带来机遇和挑战。

1. 新技术带来的发展机遇

新的通用技术（如 ICT 技术）或行业专用技术（如冷冻储藏技术等）会推动新服务行业的出现，如电子商务、网络游戏、远程教育、现代物流等，从而为新进入者带来潜在的巨大发展机遇。

2. 替代技术的威胁

新兴技术的出现和已有技术在新领域的应用，可能会使原有服务被新服务替代。例如，若今后的纺织原料都由免水洗或干洗的纳米材料制成，那么洗衣店就会无事可做而面临行业消亡。

3. 技术应用带来的赶超机遇

某些新技术或渐进技术创新在服务业中的应用，会改善原有服务的质量、提升服务效率，这可能是新的服务企业赶超行业领先者的重要机遇。例如，在国内 B2C 图书电子商务市场中，贝塔斯曼在21世纪初是国内图书市场的领先者之一，蔚蓝网络书店(以下简称蔚蓝)当时刚进入国内 B2C 图书电子商务市场，份额较小。在 B2C 行业中，要扩大市场份额，一个重要手段是开发出对搜索引擎更友好的技术系统，使自己被搜索引擎更多地收录，相应的顾客点击和购买就会上升。基于以上考虑，蔚蓝运用"面向搜索引擎的技术开发"手段，开发了对搜索引擎更友好的代码，使得网站被各大引擎的收录量大幅增加；而贝塔斯曼则一直沿用普通的技术开发手段。在新系统上线后3个月，蔚蓝就超越了贝塔斯曼的网上销售额，一举成为业内的前三甲。

4. 不同技术发展阶段的影响

技术同样存在生命周期，服务企业在进行战略决策时，应考虑技术所处的不同发展阶段，并预测已有技术和本行业发展的潜力以及技术范式可能的变化。

(四)市场分析

简单来说，市场由人口、购买力和购买意愿三个因素构成，市场分析应以上述三个要素为基础。市场需求是动态变化的，对其进行深入分析的目的是确定服务企业的细分市场，发掘和培育潜在市场，这可以为服务企业的战略定位和产品开发提供借鉴。对市场因素的分析包括：

(1)判断已有市场和潜在市场的成长阶段、成熟度与今后的成长性；

(2)估测整个市场的容量与各个细分市场的规模；

(3)解析各个细分市场的特性，预测需求可能发生的动态变化；

(4)了解服务市场的区域分布与地点等信息；

(5)监测服务市场的发展趋势，预测潜在市场的出现。

(五)政策与社会文化分析

政策环境包括制度(法律、政策、管理办法等)、政府机构以及其他对服务行业发展起重要作用的组织机构(如消费者权益保护组织、服务行业协会等)。社会文化指基本信仰、价值观、惯例、行为规范、生活准则等。

1. 政策分析

政府政策对服务业发展起着重要作用。传统上，政府拥有大部分服务资源，并对服务业发展制定各种规制。在制定服务战略的过程中，一国(或一个区域)的政治环境和法律法规是企业应首先考虑的重要外部环境因素，它们共同限定了服务业发展的方向、程度与可采取的模式。

服务企业是在一定的政治和法律环境下运行和发展的，法制和政策环境的改变有可能会引发新的产业机会出现或旧产业的消亡，而这会对服务企业战略的制定和实施产生重要影响。例如，加入 WTO 后中国逐步放宽了对外资进入金融业、保险业等的限制，这给国内各大银行的发展与竞争带来了严峻挑战，促使国内银行进行积极的战略调整与重新定位。因此，服务企业在制定战略时必须对周围的宏观政治和法律法规环境进行全方位扫描，包括对当前政治法规体系的充分认识，对其变化趋势的准确把握，识别可能出现的政策性机会和挑战。目前，国内针对服务业发展制定的一般性法规和行业性法规很多，如《反不正当竞争法》《消费者权益保护法》《证券法》《旅游法》《物业管理法》等。

在政治法律环境中，服务企业还必须考虑行业协会和消费者权益保护组织的影响。这些组织往往是行业标准的制定者和影响者，对行业有一定的制约性，如对消费者权益的关注体现了买方对卖方势力的增强。服务战略的制定必须吻合这些组织的要求。

此外，对开展国际化经营的服务企业而言，服务战略的制定要考虑不同国家和地区在法律体系和具体内容上的差异。因为对同样形式的服务内容可能会有不同的政策规定，服务企业的战略应与当地的法律、法规相吻合。比如，传销在美国已进行了30多年，发展迅速并且很规范；但在中国，由于各方面条件尚不具备，因此禁止各种形式的传销活动。

2. 社会文化分析

社会文化指人们在赖以成长和生活的社会中形成的基本信仰、价值观、习惯和生活准则，它随着时间的推移和物质条件的改善而发生巨大变化，具有一定的动态性。社会文化对服务提供的内容和形式有重要影响，是服务战略必须考虑的因素。例如，由于经济条件的改善，我国公民追求生活质量的提高，出境旅游者大大增加，形成了与以往不同的旅游价值观，培育了一大批旅游爱好者。再如，老年人口的增多可能形成新的需求，如保健、娱乐等，会带来新的市场和发展机会。

受社会文化影响深刻的服务行业众多，典型的如零售业、餐饮业、通信业、传媒业、证券投资业、保健业、教育业等。以餐饮业为例，不同地域的饮食习惯有较大差异，如中国西南地区偏重麻辣，华东地区偏甜淡，西北地区偏酸辣。连锁餐饮企业在进入不同区域时，应对经营战略做出相应调整，如是保持自身原汁原味的特色还是根据当地饮食习惯做出调整。

三、企业内部因素分析

(一)企业家精神与价值观

企业家的创新精神是服务企业战略决策中不可替代的关键内部因素，它对服务战略决策和实施的影响包括两个方面。

(1)企业家精神在很大程度上决定了服务战略的使命和基本价值取向。服务战略源于企业的创立者或高层管理者提出的与服务概念相关的企业愿景，它体现出服务战略的使命和价值取向。服务概念与企业愿景既有可能是企业家在理智分析内外部环境的基础上发现了潜在商业机遇而提出的，也有可能是企业家"非理智"的意愿和憧憬。但无论如何，企业家精神对服务战略的形成具有决定性作用。

(2)企业家精神创造性地将外部环境的机遇与企业内部资源有机结合，并有效克服战略实施中的障碍。企业家精神的可贵之处还在于，它能突破常规做法，通过有效整合内外部资源，创造性地解决战略实施过程中遇到的障碍和瓶颈，推进企业愿景目标的实现。因此企业家精神是外部环境(机遇、挑战)与内部因素(资源、能力)之间关键的协调因素，许多看似不可能的战略愿景目标，在企业家创新精神下得以实现。

(二)企业内部条件

服务企业的内部条件主要指企业的资源、能力与技能，它们是影响企业愿景和战略决策的重要因素。按照资源的有形程度，可以将服务企业资源划分为"硬件"和"软件"资源。其中，硬件资源是服务企业经营所必需的或能提升服务质量的物质设施，如银行为提升服务效率、减少顾客排队，除了建立更多的服务终端网点（储蓄所）外，还广泛地使用自动柜员机（ATM）等电子设备。硬件资源的投入程度取决于服务企业的财力和改善现有状况的能力。服务企业的软件资源指能提升企业竞争力的无形条件，如企业声誉、品牌等无形资产，独特的企业文化等。通常将硬件资源称为有形资源，将软件资源称为无形资源。按照异质性程度可以将资源分为同质资源和异质资源，异质资源是服务企业的战略性资源。

根据上述两个维度（有形性程度和异质性程度），可以将服务企业资源划分为 4 类：可购性资源、行业性资源、独占性资源、文化性资源，如图 6-3 所示。

	有形性	无形性
同质性	可购性资源	行业性资源
异质性	独占性资源	文化性资源

图 6-3　资源的类型划分

1. 可购性资源

可购性资源指在市场上能采购到的公开性资源，它是同质性较强的有形资源。服务企业经营所需的各种硬件设施与设备均属于此类资源，如运输公司的车辆、电子商务企业的高速服务器等。

2. 行业性资源

行业性资源指行业中的各个企业都应具备的规范性资源，它是企业在行业中经营的必要条件，包括相应的人员和知识、标准的服务流程、服务质量的保证、客户投诉系统等。行业性资源的主要特征是无形性和同质性，如建筑公司的资质和学校的学位授予权等。行业性资源可产生学习曲线效应，即企业通过经验和专有技术的积累而形成的成本优势。这些优势对于尚未进入该领域的企业会形成一定的行业进入壁垒，但对于已在此行业内经营的服务企业来说是一种同质性资源。

3. 独占性资源

独占性资源指服务企业特有的排他性资源，主要特征是有形性和异质性。独占性资源是服务企业独特竞争优势的重要来源，它可以分为以下几类。

自然资源：包括天然形成和人工形成的自然资源。九寨沟风景区（天然资源）、美国迪斯尼乐园（人工形成）等都属于企业的独占性资源。

人力资源：具有丰富经验与技能的技术人员或管理人员是服务企业生存和发展的重要资源，如软件公司的高级工程师、管理咨询公司的高级咨询师等。拥有高水平的专业技术和管理人员是服务企业战略决策和展开竞争的基础。

资本资源：指服务企业的资本实力和融资能力，它是服务企业战略决策应重点考虑的因素，尤其对资金密集的服务企业如银行、证券公司、通信公司而言，资金优势往往是其处于竞争优势地位的重要来源。

网络资源：指服务企业的营销与经营网络，它们是服务企业提升服务便利性和可得性的基础，同行企业在短期内无法模仿。麦当劳、大中电器等一些特许连锁经营的服务组织，通过增加经营网点扩大经营规模，形成了独特的竞争优势。

4. 文化性资源

文化性资源指服务企业具备的软性资源，如品牌资源、企业文化、企业理念、公共关系等，其主要特征是无形性和异质性。文化性资源是企业通过长时间积累逐步建立的、稳定的独特性资源，同行企业在短期内无法获取。企业文化能够使企业在遇到困难的情况下，群策群力、共渡难关，这是形成优质服务的根本。品牌是企业的符号，被消费者认可并信赖的品牌所产生的市场价值是任何其他资源无法比拟的。

表 6-5 是服务企业资源类型和示例一览表。

表 6-5　服务企业资源类型和示例

服务企业	可购性资源	行业性资源	独占性资源	文化性资源	示　例
银行	各类设施	经营许可	高素质人才	品牌与文化	招商银行
保险公司	各类设施	经营许可	精算师	品牌与文化	平安保险
证券公司	各类设施	经营许可与专业知识	高素质人才	品牌与文化	华泰证券
旅游企业	交通工具	经营许可与业务经验	著名景点	品牌与文化	南京 XX 旅游所
管理咨询公司	基本设施	经营资质	咨询顾问	品牌与文化	麦肯锡
物流培训公司	运输工具	业务经验	经营网络	品牌与文化	UPS，Fedex
学校	校舍、家具	教育许可	师资队伍	品牌与文化	清华大学
电子商务企业	计算机与电子设备	业务流程	经营网络	品牌与文化	亚马逊书店
通信企业	基站设备	经营许可	经营网络	品牌与文化	中国移动

四、服务战略的内容框架

服务战略的内容框架是服务企业为消费者创造价值的具体构想，它包括 4 个基本要素和 3 种整合过程。

(一) 基本要素

1. 目标市场细分

一个服务组织不可能满足所有需求，因此，通过市场细分，慎重选择和确定企业的特定客户群相当重要，细分市场中的客户群应有相近的性格、需求、购买行为和消费模式。市场细分的基础是地区特征、人口统计特征、心理特征等。

2. 服务定义

服务定义是指定义企业经营活动的内容，确立为消费者、员工和其他利益相关者创造和提供的利益。企业经营活动的定义是广义的，应包含未来可能的发展，如技术进步、消费模式转变、其他机会的出现等，但不可超出企业的能力和权限。

3. 经营策略

经营策略是指关于企业经营、融资、营销、人力资源和控制的一系列策略、计划与政策的总和，其目的是把服务理念转变为可执行的内容。

4.服务传递系统

服务传递系统是指企业在服务提供过程中的运作系统，包括设施、布局、技术及设备、传递流程、员工培训、员工与顾客的交互作用等。许多服务观念可以被竞争者仿效，但一个设计合理的服务传递系统无法简单抄袭，它是形成竞争优势的有效手段。

(二)要素整合

四个基本要素之间通过三种整合行为加以融合，形成一体的服务战略。这三种整合行为是市场定位、提升成本效益和战略系统整合。

1.市场定位

市场定位是指企业如何区别于竞争对手，它位于"目标市场细分"要素和"服务定义"要素之间。服务企业应针对所选定的细分市场特征，贯彻企业的服务理念，确定一系列有特色的服务项目。所谓特色，是指成本、服务内容、广告、促销、分销渠道和传递系统等有别于竞争者的特异性。

2.提升成本效益

提升成本效益是指服务企业在创造有价值的特色服务与提供服务的成本之间进行权衡，它位于"服务定义"要素和"企业经营策略"要素之间。一个设计得当、定位合理的服务会给消费者带来独特利益和价值，但其成本也相应较高。若公司能在控制成本的前提下，成功提供高价值的服务，则会提高成本收益，获得更高的边际收益。

3.战略系统整合

战略系统整合是指服务企业应使经营策略与传递系统之间保持一致，确保整个体系的完整性。为有效整合服务传递系统，服务企业应精心设计聘用制度、服务流程，合理规划服务设施，注重员工的报酬、晋升与激励。

第二节　服务质量政策和标准的确定

服务质量标准是服务质量所要达成的水准，质量标准的制定是企业经营过程中很重要的决策阶段，质量标准完整和严格的程度会影响服务系统整体运行水平，所以，企业经营者及高层主管应共同制定企业服务质量政策和发展目标，作为公司服务质量管理的最高指导原则。

对于服务而言，一般有三个标准：最低标准的服务只规定了外购原材料的标准，以及对设备的管理要求；中等水平的服务，增加了对加工过程的标准以及提交服务的标准要求；最高标准的服务是依据 ISO 9000 标准建立质量管理体系。近年来，ISO 9000 质量管理体系认证已成为世界各国对企业和产品进行质量评价、监督的通行做法和国际惯例。ISO 9000 标准是从西方国家发展起来的适用于所有行业的通用国际标准，是根植于欧美等国家的文化思想，许多方面不完全适用于我国的情况。等同采用国际标准并不是简单地靠到国际标准上就行了。

对服务企业而言,最大的特殊之处是大多数的服务只能给出定性的质量标准,很难给出量化的标准,这就使对服务质量的评价往往依赖于感觉和主观判断。这就要求服务管理者在制定服务质量标准时必须尽量按服务企业的特点对 ISO 9000 标准进行恰当的解释,同时不受某些技术委员会的干扰而偏离特定的行业规范的要求,如何在管理上、技术上把国际惯例与我国国情、企业实际相结合,从而达成简洁、通用的标准,创造出自己的企业文化,才能使 ISO 9000 标准为中国的企业创造价值。

服务性企业管理人员应根据顾客的要求,确定服务质量标准,要求员工按照服务质量标准,为顾客提供始终如一的优质服务。

有效的服务质量标准应有以下特点。

(1)满足顾客的期望。管理人员应通过营销调研,了解顾客对各类服务属性的期望,再根据顾客的期望,确定各类属性的质量标准。

(2)具体的质量标准。管理人员应确定具体的质量标准,以便服务人员执行。"旅馆电话总机话务员必须尽快接听电话",是含糊不清的质量标准。"话务员必须在 15 秒钟之内接听电话",才是具体、明确的质量标准。

(3)员工接受。员工理解并接受管理人员确定的服务质量标准后才会执行。管理人员发动员工参与制定质量标准,不仅可确定更精确的标准,而且可获得员工的支持。

(4)强调重点。管理人员确定的质量标准过于烦琐,反而会使员工无法了解管理人员的主要要求。因此,管理人员应明确说明哪些标准最重要,要求服务人员严格执行。

(5)考核与修改。做好服务质量检查、考核工作,才能促使员工做好服务工作。管理人员应经常考核员工的服务质量,并将考核结果及时地反馈给有关员工,帮助员工提高服务质量。此外,管理人员应根据考核结果,奖励优秀员工,研究改进措施,修改质量标准。

(6)既切实可行又有挑战性。如果管理人员确定的服务质量标准过高,员工无法达到管理人员的要求,就必然会产生不满情绪。管理人员确定的质量标准过低,就无法促使员工提高服务质量。既切实可行又有挑战性的质量标准,方能激励员工努力做好服务工作。

第三节　服务系统的建立

良好的服务始于优良的服务设计,服务系统设计决定着顾客服务能否取得成功,一个不合理的服务设计会使服务人员和顾客花费大量精力解决一个小问题,从而影响服务质量。因此,必须让顾客和服务人员参与到服务设计与开发中来,根据服务质量特性及其对顾客的价值进行合理的服务设计。

在进行服务内容设计时,要考虑服务产品的整体概念,它主要包括核心服务产品、增值服务产品及潜在服务产品三个层次。一旦顾客获得了更高的价值,其满意度就会随之增加。

1989 年,布朗(Brown S. W.)和斯沃茨(Swartz T. A.)提出"质量差距经验模式图",如图 6-4 所示。他们认为图中的"服务系统设计"必须在真正了解顾客的期望下正确地进行,否则很容易造成图中的三个差距,也就是服务质量差距模型中,从管理层对顾客期望的感知到将感知转化为服务质量规范阶段的差距,所以服务设计时一定要做好监控工作,充分掌握顾客的真正需求。

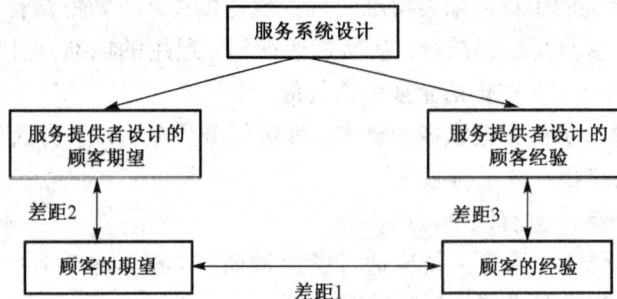

图 6-4 质量差距经验模式图

在进行服务设计时,应用质量功能展开法,可以将顾客的需求融入服务设计中,使服务设计、市场营销、生产和制造职能有机地结合为一个整体。质量功能展开法(Quality Function Deployment, QFD)提供一种将顾客的需求转化为对应于产品开发和生产的每一阶段(市场战略、策划、产品设计与工程设计、原形生产、生产工艺开发、生产和销售)的适当的技术要求的途径。质量功能展开的目的是从全面质量管理的视角出发,将包括理化特性和外观要素、机械要素、人的要素、时间要素、经济要素、生产要素和市场及环境要素的所有质量要素组合成一个有机的系统,并明确产品和服务从设计开发到最终报废的全过程中各步骤的质量功能,使各质量功能得以切实完成。在进行服务传递系统设计时,可以采取以下的步骤来进行质量功能展开并构建质量屋。

1. 确立项目目标

项目目标要明确具体、清晰易懂。目标是需求计划的纲领,一切需求都是围绕项目目标的细化来实现的。目标太高或太低,都不利于项目成功。

2. 确定顾客期望

在项目目标基础上,确定要满足的顾客群体和决定他们的期望。可以通过面谈、小组访谈和调查问卷来了解顾客期望。顾客期望可以用可靠性、响应性、保证性、移情性、有形性五大服务质量要素来描述,在更加复杂的 QFD 中,顾客期望可以分解为基本的、次级的和更详尽的三级水平,顾客期望构成质量屋矩阵的行。

3. 描述具体服务要素

质量屋矩阵的列包括了管理者能操纵其来满足顾客期望的具体服务要素,例如,在如图 6-5 所示的质量屋中,采用训练、态度、能力、信息和设备这几个管理者能够操纵的用来满足顾客期望的服务要素。

4. 标出服务要素间的相关强度

质量屋的屋顶用来表示每对服务要素之间的相关强度。绘制时可以把它们标注为三种水平: * = 强,Φ = 弱,· = 中等。标注这些要素间的相关性可以为改进服务质量提供有用的支点。

5. 标出顾客期望与服务要素间的联系

矩阵的主体包括 0~9 之间的数字,表示某种服务要素与对应的顾客期望间的联系强度(表示非常强的联系)。这些数字由项目小组共同讨论,根据不同服务要素影响公司满足不同顾客期望的能力来决定。

6. 赋予服务要素权重和加权分

这一步主要衡量顾客评价服务要素的重要性。质量屋的烟囱部分列出了每一种顾客期望的权重。权重范围为 1~9,表示顾客认为他们的每一期望的重要性,这些数字可由本书第五章介绍的服务质量评价时确定服务质量要素权重的方法来确定。用顾客期望的权重乘以矩阵主体中的相关强度,在每项要素下标出该要素的加权得分,加权分被填入质量屋的基座部分,代表每一服务要素对满足顾客需求的重要性的衡量指标,得出的结果有赖于对权重和相关强度的估计。

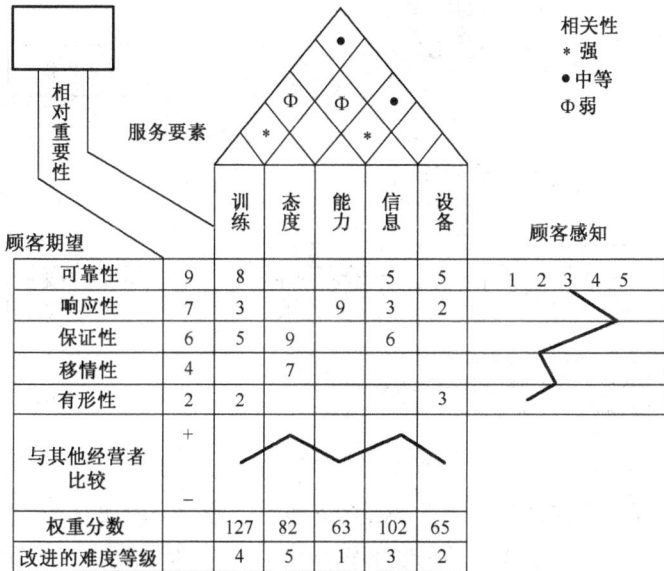

图6-5 质量屋示意图

7. 服务要素改进难度等级确定

在质量屋的最底层是改进每一个服务要素的难度等级。1 表示最难。在图 6-5 的质量屋中,能力和设备是最高等级,因为它们对资本的需求大。

8. 评估竞争者

为了比较顾客对其他服务提供商的服务感知,可以进行调查;调查结果使用 5 分制评分,画在矩阵右边;对于每个服务要素的相对水平比较(+ , -),画在质量屋下侧,这些信息都可用来评估本公司同竞争对手的优势和劣势。

9. 战略评估和目标的设定

从完成的质量屋,可以看出本公司和其他竞争者之间的战略地位与优势、劣势,便于进行相应的服务改进。

第四节 服务质量控制及改进

一、服务质量控制

服务质量控制可视为一种反馈控制系统。在一个反馈系统中，将输出结果与标准相比，与标准的偏差被反馈给输入，随后进行调整，使输出保持在一个可接受的范围内。

(一)服务过程控制

如图 6-6 所示是一个服务过程控制图，显示了运用于服务过程控制的基本控制循环。

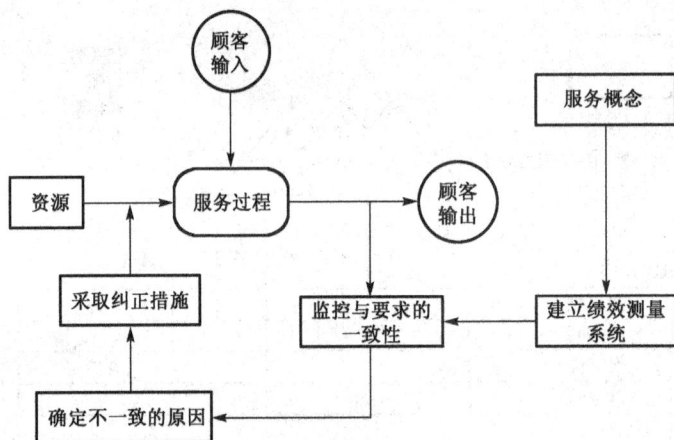

图 6-6 服务过程控制图

为服务系统计划一个有效的控制循环是很困难的，服务的无形性使直接测量服务过程的各项评估指标难以实现，这就使得有效的绩效考评体系难以建立。不过，这一点可以用替代的方法来解决，例如，考察服务传递系统的效率，可通过考察顾客的等候来进行；对一些公共服务，还可以使用收到顾客投诉的次数来进行同样指标的考核。

服务的生产与消费的同时性增大了对服务质量监控的难度，这是因为服务过程中服务人员一直保持与顾客的紧密接触，排除了在服务过程中任何为观察与需求一致性而直接介入的可能性。控制服务质量的这些难点可以通过使用制造业中的统计过程控制技术来解决。

(二)统计过程控制

当服务过程的绩效低于预期绩效时，就需要开展调研以识别问题的原因并提供纠正方案。一般来说，绩效的变化可能是由随机事件引起的或没有明确原因，这就要求决策者探明服务质量下降的真正原因并避免与不良服务相关的成本损失。另外，在对服务系统进行调整时应尽量避免对运转良好的服务系统做不必要的变更。在控制质量中有两类风险。这些风险根据受损害的一方命名：如果系统运行正常，而被认为失控时，这时发生第一类错误，即生产者风险；如果系统运行不正常，而被认为正常时，发生第二类错误，即消费者风险(见表6-6)。

表6-6　服务质量控制决策风险表

质量控制计划		
服务真实状况	采取纠正措施	不采取措施
过程在控制中	第一类风险(生产者风险)	正确决策
过程失控	正确决策	第二类风险(消费者风险)

用考察过程绩效的测量值来判断过程是否在控制中时，经常使用控制图这种形象的工具。控制图是对过程质量加以测定、记录从而进行控制管理的一种用科学方法设计的图形。图上有中心线(CL)、上控制线(UCL)和下控制线(LCL)，并有按时间顺序抽取的样本统计量数值的描点序列。

构建一个控制图与确定样本平均值的置信区间相似。使用有代表性的历史数据可以确定服务过程绩效指标的平均值和标准差，我们希望，将来随机收集的样本均值落在这个置信区间内。这些参数被用来构建绩效测量平均值的99.7%的置信区间。如果没有落在这个区间，可断言，服务过程变化了，真实的平均值移动了，即服务过程处于失控状态。构建和使用质量控制图有如下几个步骤。

(1)决定服务系统绩效的测量方法。

(2)收集代表性的历史数据来计算总体平均值、系统绩效测量方差。

(3)决定样本大小，使用总体平均值、方差计算3倍标准差的控制限。

(4)将控制图绘制成样本平均值与时间的函数。

(5)标出随机收集的样本平均值，并按下列方式说明结果：

① 过程在控制中(样本平均值落于控制限内)；

② 过程失控(样本平均值落于控制限外或连续7个点落于平均值一侧)，此时需要进行服务现状评估，并采取纠正措施和行动结果的检查。

(6)定期更新控制图，并且加入最新数据。

根据绩效测量方式将控制图分为变量控制图和特性控制图两类。变量控制图记录允许出现小数的测量值，如长度、宽度和时间。特性控制图记录离散的数据，如缺陷数和以百分比表示的错误数。

(三)过程失控诊断方法

当质量控制图的分析结果显示服务质量处于过程失控状态时，及时准确地确定过程失控的原因并采取相应的措施进行质量改进成为服务质量管理的关键问题，通常采用的方法是鱼骨图和层次分析法相结合的分析方法。

鱼骨图是日本 Kaoru Ishikawa 教授设计的一种找出问题原因的方法，被广泛用于技术、管理领域；层次分析法(AHP)是一种将量化困难的复杂的定性问题如人们的主观感受等在严格的数学运算基础上定量化，并对人们所做判断的一致性程度进行科学检验的实用决策方法。AHP 充分反映了人们思考问题的方式,具备严格的逻辑推理和较完备的数学背景。通过两种方法的有机结合,不仅能使服务质量过程失控问题变得清晰、有层次,还能将所发现的质量问题定量化,进而找出问题的关键。

1. 鱼骨图的绘制

鱼骨图又名特性因素图,因形如鱼骨而得名。鱼骨图的作图过程一般由以下几步组成:

(1)由问题的负责人召集与服务质量问题有关的人员组成一个工作组,该组成员必须对问题有一定深度的了解;

(2)质量问题的负责人将拟找出原因的质量问题写在黑板或白纸右边的一个框内,并在其尾部引出一条水平直线,该线称为鱼脊;

(3)工作组成员在鱼脊上画出与鱼脊成45°角的直线,并在其上标出引起质量问题的主要原因,这些成45°角的直线称为大骨;

(4)对引起问题的原因进一步细化,画出中骨、小骨……并尽可能列出所有原因;

(5)对鱼骨图进行优化整理;

(6)根据鱼骨图进行讨论。

完整的鱼骨图如图6-7所示。

由于鱼骨图不以数值来表示并处理问题,而是通过整理问题与它的原因的层次来标明关系,因此能很好地定性描述服务质量问题。鱼骨图的实施要求工作组负责人(即进行服务质量问题诊断的专家)有丰富的指导经验,整个过程中负责人应尽可能为工作组成员创造友好、平等、宽松的讨论环境,使每个成员的意见都能完全表达,从而保证鱼骨图层次清晰、绘制正确,即防止工作组成员将原因、现象、对策互相混淆。在鱼骨图的绘制过程中,负责人不应对问题发表任何看法,也不能对工作组成员进行任何诱导。

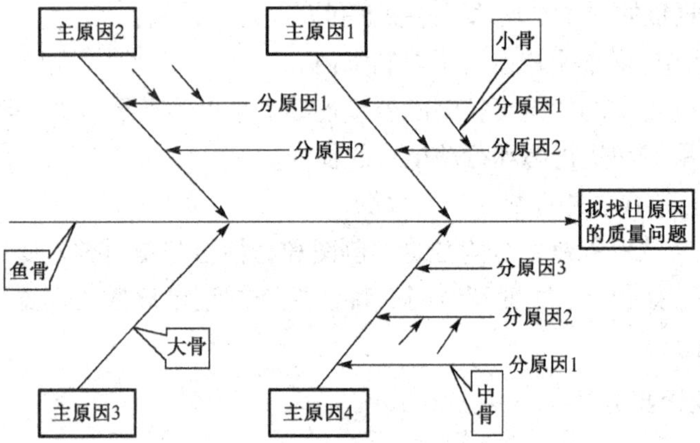

图6-7 鱼骨图示意图

2. 层次分析法的应用

鱼骨图成功完成后,影响服务质量的原因一般能详尽列出。但哪些是主要原因,哪些是次要原因,该如何确定呢?各个主要原因的重要性、优先程度应如何确定?层次分析法做了最好的回答。

AHP 的基本思路与鱼骨图的基本思路是一致的。两者都是在深入分析实际问题的基础上，将有关因素按不同的属性自上而下地分解成若干层次，同一层次的诸因素从属于上一层的因素或对上层因素有影响，同时又支配下一层的因素或受下一层因素的作用。一个如图 6-7 所示的鱼骨图可方便地转化成如图 6-8 所示的层次结构模型。

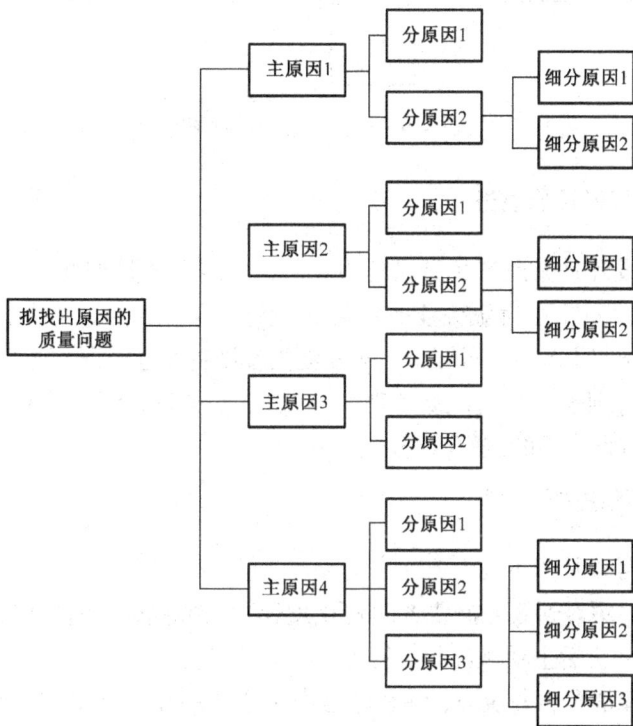

图 6-8　由鱼骨图转化的层次结构模型

得出层次模型后，对每一层次的因素按规定的准则两两进行比较，建立判断矩阵，运用特定的数学方法计算判断矩阵的最大特征值及对应的正交特征向量，得出每一层次各因素的权重值，并进行一致性检验；在一致性检验通过之后，再计算各层次因素对于所研究问题的组合权重；根据权重便可对各原因进行评分、排序和指标综合。

从上面的分析可以看出，采用鱼骨图和层次分析法相结合的过程失控分析方法，可以从错综复杂的服务质量问题中很容易地确定引起过程失控的关键原因，从而便于进一步采取措施纠正质量问题。

二、服务质量改进

服务质量的改进依赖于有效的顾客服务活动，两者呈现紧密的正相关关系，而顾客服务活动的改善，可以从研究服务利润链各个环节的特性入手。服务利润链理论的基本环节相互联系的顺序是：服务公司政策与内部服务质量→员工的满意度与忠诚度→企业提供给顾客的价值→顾客的满意度与忠诚度→企业的利润与增长，如图 6-9 所示。通过对上述环节的研究与改进，服务质量就可以得到改进。

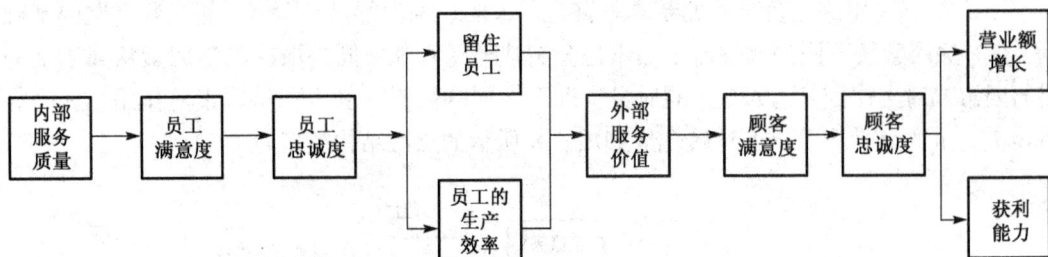

图 6-9 服务利润链示意图

(一)对服务过程设计的改进

产品的开发与设计是保证产品质量的重要目标,服务也是如此。在许多服务设计中,设计人员把大部分时间花在对服务业务活动的设计方面,因为这样做比较容易测度。但是,如果不注重对顾客服务活动的设计,服务提供者没有经过培训、缺乏职业能力,那么即使再好的服务业务计划也不能达到顾客满意。因此,服务设计者应该充分注意两方面的结合,并在服务的全过程中不断进行改进。

(二)重视顾客的主体性问题

顾客的主体性可以从以下几个方面来解释。

第一,在从潜在顾客到服务消费者的转化过程中,顾客通过消费信息搜寻行为,在对客观信息进行必要分析后主动做出购买行为。

第二,在购买和消费服务阶段,顾客体验到了企业的技术质量和功能质量、处理问题的能力以及服务所能提供的满意程度等。在此基础上,顾客有退出或进一步消费的自由。

第三,也是比较重要的一点,顾客在服务消费过程中,能够通过与消费提供者之间的交互作用引导服务过程的进展,这一点在顾客服务活动中表现得尤为明显。服务提供者在许多时候不知道他的顾客会提出怎样的问题和要求,完全处于被动地位,稍不留神,就把握不住服务过程发展的方向。与此相关,顾客感知到的服务质量也将大打折扣。

在顾客服务活动过程中,关注顾客的主体性问题是服务成败的重要因素之一。顾客关系生命周期理论可以有助于这一问题的解决。企业在服务过程中应该在建立目标顾客基本数据基础上,认识有效的顾客生命周期阶段,分析其在此阶段的基本期望特征及能够发挥较大作用的企业营销资源和活动类别,并且据此修正和改进顾客服务活动,取得顾客预期的服务质量。

(三)员工满意度与服务技能和素质的培养

在顾客服务活动中,顾客是一个主体,另一个主体就是代表企业提供服务活动的员工。一线员工的满意度与忠诚度,是服务利润链的重要环节。在提高员工满意度和忠诚度方面,关于员工满意度的改进有几种方案:一是适当的授权;二是强化内部服务的支持,提高内部服务质量;三是适当的职业生涯设计;四是现场的控制与协调。

除了这些提高员工满意度和忠诚度的措施之外，从提高顾客服务质量的角度出发，还有以下几方面需要加强。

(1)强化员工的人际关系交流能力，包括一般交流能力和局面控制能力等，使员工在与顾客的交互过程中做到游刃有余。

(2)重视服务技能的锻炼与培养，除了业务培训以外，服务技能的提高更依赖于员工实际工作经验的积累。

(3)重视对员工个性化的关注。由于出身、学识、教养、性格等方面的巨大差异，员工在顾客服务活动中也带有明显的个性化色彩。这些色彩有的比服务设计和服务技术更有助于顾客服务质量的提高，有的则相反。因此管理人员的任务就是区别员工的不同类型，在日常培训和工作过程中注意激发员工个性中有利于服务质量提高的一面，同时消除不利的一面。相比之下，前者显得更重要一些。

(4)对服务质量差距的弥补和改进。国内外学者的研究表明，由于受各种因素的影响，服务利润链的各个环节之间，存在诸多差距，对这些差距的弥补，一方面依靠服务企业日常管理工作的改进与提高，即在大量搜寻顾客信息基础上强化服务规范，提升经理和员工对服务过程与服务质量关系的认识，并且提供优质的内部服务支持；另一方面，需要通过顾客服务活动中员工与顾客的交互过程来消弭。

(5)关键时刻的处理与沟通技术。不同的服务业业务活动有不同的关键时刻，同一服务业的不同企业对关键时刻的认识也并不一致，这就导致了服务过程对关键时刻处理的差异性。服务过程关键时刻的识别、处理与沟通技术是顾客服务活动的核心。从服务设计角度看，服务提供者要做到：

① 做出相应的图表、模型和文字说明，对业务进行详细分解；

② 识别和分析本企业服务过程的关键时刻，列出路径图和相关说明；

③ 针对每一个关键时刻，讨论和制定相应的服务技术；

④ 进行必要的培训，帮助员工提高关键时刻处理的绩效。

第五节　服务失败与服务补救

一　服务失败

(一)服务失败概述

一次令顾客满意并能令其产生一种潜在的消费欲望的服务是成功的服务。反之，未能使顾客满意或对服务产生抱怨的服务便是一次失败的服务。由于服务具有差异性、无形性、与生产消费具有同步性等一系列特点，导致服务质量在不同时点、不同服务对象之间的差异性，所以服务失败的情形是难以避免的，是在服务过程中必会发生的一种状况。服务失败情况的出现也使得服务补救的出现成为必不可少的一部分。服务失败一方面会对企业的服务质量造成负面影响，降低服务质量，导致部分顾客消费欲望的丧失，降低企业的经济利益；但另一方面，服务失败也有助于企业发现在服务质量方面存在的问题与缺陷，促进企业发动找出导致服务失败的原因所在，有利于整体服务质量的提高。因此，服务失败并不可怕，关键在于能否正确看待问题的存在并积极有效地去解决问题。

(二)服务失败的原因

造成服务失败的原因是多方面的，也是错综复杂的。但究其特点主要可分为三大类，即服务企业的原因、顾客自身的原因和其他的随机因素。

第一，服务企业的原因是导致服务失败的最主要原因。服务提供者不能提供令顾客满意的服务，导致顾客在感知上与现实服务形成一种落差，最终使得服务失败。而这种落差是基于顾客是理性的顾客，换言之，是企业在服务质量管理、服务质量规范、与顾客相互沟通以及营销渠道等方面与顾客潜在期望的落差而导致顾客对服务的不满意。

第二，顾客自身的原因也是导致服务失败的一个重要因素。顾客有时不能准确合理地定位自己对服务的期望，所以有时候会对服务产生一种不合理的、超越实际的甚至是无理的期望，此时无论服务提供者提供多么优质的服务，顾客永远也不会满意。这种由于顾客自身的因素而导致的服务失败是服务企业难以避免的，他们只能做好最佳的预测和防范措施，以减少相关顾客的产生。

第三，其他的随机原因虽不是导致服务失败的主要原因，但也在无形中加大了服务失败发生的概率。随机原因往往是无法预测的，比如不可抗力的影响、政府政策的临时变动等。随机因素我们无法避免，但可以付出努力减少它对服务质量的影响。

(三)服务失败的类型

由于导致服务失败的原因错综复杂，所以在对服务失败进行分类时，按照不同的标准有不同的分类方法，主要可分为两大类型，见表6-7。按服务失败的来源来划分，服务失败可以分为服务者错误和顾客错误两大类；按服务失败产生的阶段来划分，服务失败又可以划分为结果性服务失败和程序性服务失败两大类。前者是指服务失败发生在"服务的结果"中，而后者是指服务失败发生在"服务的过程中"。

表6-7 服务失败的类型

划分的标准		表　　现
按来源划分	服务者错误	不能正确地、有效地完成任务，也不能准确地处理顾客所反映的问题
	顾客错误	未能合理地定位对服务的期望；不能对整个服务过程做细致的了解；在服务失败后也不能合理地调整自我期望等
按产生阶段划分	结果性服务失败	顾客对服务的结果不满意
	程序性服务失败	顾客对服务的过程不满意

二、顾客抱怨行为

(一)顾客抱怨行为分类

所谓的顾客抱怨行为,是指顾客感觉不满意之后的情绪或情感下所引起的顾客反应。而一次成功的服务就是没有失误的服务,也就是一次即成功的服务。顾客的抱怨行为是由其对产品或服务的不满意而引起的,所以抱怨行为是不满意的具体的行为反应。顾客对服务或产品的抱怨即意味着经营者提供的产品或服务没达到他的期望、没满足他的需求。另外,也表示顾客仍旧对经营者怀有期待,希望其能改善服务水平。经营者的目的就是为了挽回经济上的损失,恢复自我社会形象。根据顾客感知服务质量水平的不同,加之每个人的文化、经历、个性等方面的不同与差异,顾客在经历了一次不满意的服务之后,往往会产生两种心理,即抱怨和不抱怨。而根据以往的实证研究,绝大部分的顾客在遭遇失败的服务之后往往会选择沉默、不抱怨,这一比例约达到96%。这些不抱怨的顾客人群要么选择继续接受服务,要么默默退出。这些顾客的不抱怨行为往往不利于整个行业服务质量的提高,而选择抱怨的顾客的抱怨行为又可以分为私人行为和公开行为。私人行为包括回避重新购买或再不购买该品牌、不再光顾该商店、说该品牌或该商店的坏话等;公开的行为包括向商店或制造企业、政府有关机构投诉,要求赔偿。虽然私人的抱怨行为与公开的抱怨行为对促进企业快速发现在服务流程中所存在的问题,从而快速找到解决问题的途径所起到的作用不同,但最终都能促进问题的解决。相反,顾客的沉默行为会不利于企业找出问题所在。

(二)顾客抱怨行为的影响因素

顾客在遭受失败的服务之后会不产生或产生不同程度的抱怨行为,这种表现在抱怨行为上的差异往往与某些影响因素有关。

1.外部环境因素

外部环境因素对顾客抱怨行为的产生具有重大的影响。因为顾客是社会人,其生活习惯、价值观的形成都与外界环境有很大的联系。在众多的外部因素中,服务的价格、对服务的期望、抱怨成本、求偿的可能性、对产品的重视程度以及品牌的忠诚度等,都是影响顾客抱怨行为的重要因素。其中抱怨成本和求偿的可能性是其中比较突出的两个因素,因为这两个因素与顾客的经济利益息息相关,只有在经济上合理可行的情况下,顾客才会有比较深层次的抱怨行为。

2.内部因素

内部因素也就是顾客的自身因素。多年来,诸多学者对引起或加强顾客抱怨的影响因素进行了大量的研究分析。研究的结论主要集中为以下几点。

(1)顾客所处的文化背景的差异

沃特金斯在1996年的一项研究中发现,当顾客在受到集体主义思想的影响下生活时,在他们遇到失败的服务时表现得更多的是忠诚,极少会抱怨,但会在集体中散布抱怨的流言。也有学者研究发现,那些年纪较大的、接受过良好教育的以及收入较高的顾客相对比较容易爆发抱怨行为，他们往往表现出的是一种更加坚定的个人主义，坚定自己的抱怨行为。此外，不同地域和国家之间的差异也是导致顾客抱怨行为产生的重要因素。

（2）顾客的人口特征、生活态度、性格、态度等个体特征

研究表明，处于不同层次的人口会产生不同程度的抱怨行为，其中高收入、受过高层次教育的人群往往有高于一般人的抱怨行为。此外，不同生活态度的顾客也有着不同的抱怨行为，生活态度积极向上的人群一般倾向于不抱怨，而那些生活态度消极、颓废的顾客往往会有较为强烈的抱怨行为；而性格的差异也是导致顾客不同抱怨程度的一大重要因素，自信的人往往会抱怨，但顺从的人一般选择沉默。当然，这些内在因素与顾客抱怨行为的关系仍在进一步的研究中。

（3）相关顾客的影响

相关顾客的影响也就是顾客的一些不合理的要求和行为导致产生的抱怨行为。换言之，就是由于顾客的错误而产生的无理的抱怨行为。服务性行业要能及时准确地发现潜在的"问题顾客"，这是减少抱怨行为的产生以及提高服务质量的重要方法。

（三）顾客抱怨处理方式

对于具体的顾客抱怨处理方式，国内外学者提出了一些理论与方法。

Zemke 和 Schaaf(1989)提出服务补救的五大要素是：道歉、紧急修复、同情（理解）、象征性赔偿、跟踪。

Bitner(1990)等人通过对多个服务行业的调研发现，并不是服务失误本身使顾客不满，大多数顾客是可以接受服务失误的，真正引起顾客不满的是企业对该服务失误事件的反应（或者缺乏反应）。他们认为成功的服务补救应当包括以下四个关键因素：承认企业存在服务失误或发生了问题；解释服务失误的原因；在合适时向顾客道歉；给予顾客补偿。

Cathy(1992)根据对汽车修理、航空旅游、牙医、餐饮等四个行业的研究，提出有效抱怨处理的步骤为先道歉，承认自己的疏漏；其次是倾听，了解事情的前因后果；最后是给予实质性的补偿。

Kenny(1995)认为，企业对顾客实施的服务补救主要是两个方面的补救：一方面是心理方面的补救，如道歉、解释以及消除顾客的不满；而另一方面是物质方面的补救，如对顾客所遭受的损失给予实物的补偿。

美国学者Tax(1998)把服务补救分成确认服务过失，解决顾客问题，服务过失的沟通与分类，整理资料、改善整体服务四个步骤。

另外，Heskett(1994)根据服务利润链给出了饭店服务补救过程模型，包括确定服务失误，解决顾客问题，沟通并分类顾客失误以及整合并整体改进服务四步。Kelley(1995)则以餐饮业做实证研究，探讨顾客抱怨行为及服务提供方的补救措施，发现餐饮业者使用的服务补救方式可分为11种（其评定方式从0非常差到10非常好）。结果发现餐饮业者最常用替换为其服务补救方式，但效果只有6.35。效果最高者为免费食物（8.05），其次是折扣（7.75），最差的是不做任何处置（1.71），因此，餐饮业在补救方式上，应偏重考虑免费、折扣等，才可能产生具体效果。

国内一些学者也就服务补救提出了一些见解。梁新弘、金成(2005)给出了包括预应机制、启动机制、执行机制以及反馈机制的服务补救机制构建；何会文、齐二石(2005)提出了成功服务补救应该包括耐心识别、主动承认、迅速缓解、圆满解决及客观分析五步骤；范秀成(2002)以顾客满意为导向构建了包括抱怨处理系统、信息系统、组织学习与持续改进及组织授权制度四部分的企业顾客抱怨管理体系；韦福祥(2002)补充强调了员工授权的重要性。

综合以上学者的观点可以发现，完整的服务补救应该包括三个方面：识别问题、解决问题和整理分析问题，而其中解决问题又包括道歉、修复、补偿及跟踪几个重要步骤，整理分析则是企业在单次顾客抱怨处理完成后，为企业今后服务改进所做的工作。

三、服务补救

(一)服务补救的内涵

在服务产品生产过程中，服务失败是不可避免的。服务失败会给企业带来诸多显现的或潜在的各种威胁，不利于企业服务质量的提高；而解决服务失败的最佳途径就是服务补救，从而就引出了服务补救这一概念。

服务补救概念最早是由 Hart 等人于 1990 年提出的。几十年来有许多的专家和学者都在着手研究这一概念，每个人的观念又不尽相同。因此，关于服务补救的概念就有了很多的解释，其中 Tax 和 Brown 将服务补救定义为：服务补救是一种管理过程，它首先要发现服务失误，分析失误原因，然后在定量分析的基础上，对服务失误进行评估并采取恰当的管理措施予以解决。有的学者则认为，服务补救是服务性企业在对顾客提供服务出现失败和错误的情况下，对顾客的不满和抱怨当即做出的补救性反应。其目的是通过这种反应，重新建立顾客满意和顾客忠诚。

服务补救也可定义为企业在第一次服务失误后，企业为留住顾客而立即做出的带有补救性质的第二次服务。第二次服务可以与第一次服务同质，即第二次服务是第一次服务的重复。当然也可与第一次服务异质，即第二次服务是第一次服务的延伸或转变。如零售企业无条件地为对产品质量表示不满的顾客所做出的换货服务(同质服务)或退货服务(异质服务)。

总之，关于服务补救的定义从不同的视角、不同的研究目的都有着不同的定义，但诸多定义都有着几个共同的特征，即都认为服务补救是服务失败的衍生物和天然产物，以及服务补救是挽回损失的最好办法等观点。

(二)服务补救的特点

服务补救作为服务提供者在服务失败之后所必不可少的一项措施，也有着与抱怨管理不同的特点。

首先，服务补救具有实时性特点。这是服务补救与顾客抱怨管理一个非常重要的区别。顾客抱怨管理一般必须要等到一个服务过程结束之后，而服务补救则必须是在服务失误出现的现场。如果等到一个服务过程结束，那么，服务补救的成本会急剧地上升，补救的效果也会大打折扣。

其次，服务补救具有主动性特点。据华盛顿一家名为 TRAP 的调查机构所进行的一项调查显示：有问题的顾客中，只有4%向公司有关部门进行抱怨或投诉，而另外96%的顾客不会抱怨，但他们会向9~10人来倾诉自己的不满（坏口碑）。因此，只有主动对顾客产生的抱怨行为及时进行重视处理，才能最大限度地挽回顾客，降低损失。服务补救就是通过一种主动的补救措施来对服务失败进行最大程度的补救。

最后，服务补救是一项全过程的、全员性质的管理工作。一般来说，服务补救具有鲜明的现场性，服务企业要授权一线员工在服务失误发生的现场及时采取补救措施，而不是等专门的人员来处理顾客的抱怨。

（三）服务补救的重要性

服务补救直接关系到顾客满意度和忠诚度。当企业提供了令顾客不满的服务后，这种不满能给顾客留下很深的记忆，但随即采取的服务补救会给顾客更深的印象。由于服务具有不可感知性和经验性特征，消费者在购买产品（服务）之前很难了解产品特征，很难获得关于产品的信息。信息越少，购买决策的风险也就越大。研究表明，品牌忠诚度与风险存在较强的相关关系。因此，在服务性行业中，顾客的品牌忠诚度很高，表现为：一方面，满意的顾客愿意成为企业的"回头客"，大量重复地购买，对企业服务的价值极度信任；另一方面，顾客把品牌忠诚作为节省购买成本、减少购买风险的手段，绝不会轻易地转换服务产品的品牌，这就使企业的竞争对手在吸引新顾客方面困难重重。

一项研究数据表明，企业吸引新顾客的成本是企业留住老顾客成本的4~5倍。正因如此，在首次服务使顾客产生不满和抱怨时，企业应该明确那些抱怨和不满的顾客是对企业仍抱有期望的忠诚顾客，企业必须做出及时的服务补救，以期重建顾客满意和忠诚。否则，肯定是另外一种情景，失去的远远不只是现有顾客，还会失去大量的潜在顾客。一项服务性企业调查显示，如果顾客得不到应有的满足，他会把这种不满告诉其他9~16个人；相反，如果顾客得到了满足，他只愿把这种满足告诉其他4~5个人。由于服务产品具有较高的不可感知性和经验性特征，顾客在购买服务产品前，产品信息更多地依赖人际渠道获得。顾客认为来自关系可靠的人或专家的信息更为可靠。口头传播是消费者普遍接受和使用的信息收集手段。

可在现实生活中，许多企业有意或无意地忽视了服务补救策略，或认为会增加成本，或是部分行业如零售业、邮电业、交通运输业，认为本行业顾客流通性强、流量大，顾客流失影响不大。这些无疑是患了"营销近视"。

（四）服务补救的实施

既然服务失败无法避免，那么解决这个问题的最好方法就是实施服务补救。实施服务补救是重建顾客满意和忠诚的必由之路。实施服务补救的措施一般包括以下环节。

1. 重视服务的失败

服务失败应是企业要十分重视的环节，因为服务失败不仅仅是企业在一次服务上的失误，也不仅是顾客满意与忠诚的降低或顾客的流失，服务失败其实是企业发现自身问题所在并找出途径解决这个问题的重要手段。通过一次服务的失败，企业可以去调查失败的原因，是自身的问题还是顾客的问题或是随机因素的干扰。通过准确地找出问题的所在，企业便可以"对症下药"，通过不断地预防与改进做到"药到病除"。在确认问题的过程中，企业应该主动出击，帮助顾客认识到投诉的重要性，并鼓励顾客进行投诉。

研究调查表明，对企业的服务不满意的顾客中的绝大部分是不会选择投诉的，这一比例接近96%，往往只有4%的顾客才会向企业提出抗诉。顾客的投诉意见是企业制定服务补救措施的重要依据。相反那些未投诉的顾客使企业丧失了许多及时发现问题和解决问题的机会。因此，企业在服务过程遇到因服务失败而遭到顾客投诉时，不要畏惧失败，更不能逃避失败，相反应渴望投诉的发生，因为顾客进行投诉说明顾客对企业有一定的期望，在他们心中是希望企业能做到更好的，而相对而言那些在经历失败的服务之后选择默默离开的顾客，他们显然对企业没有多少情感，也没有多少忠诚可言，最重要的是他们使企业丧失了一次及早发现问题和解决问题的机会。综上而论，重视服务失败的发生至关重要。

2. 有效并迅速地解决问题

及时弄清出现问题的环节和原因，提出具体的补救措施，及时加以解决。及时意味着为纠正错误做出的努力，体现了企业对问题的重视；而有效地解决顾客问题主要应做到公正地对待顾客。顾客在向企业投诉之后，总希望受到公正的对待。

顾客对公正的评价主要来自两方面，即服务结果的公正和服务过程的公正。服务结果的公正性是指顾客在遭受失败的服务之后而接受的服务补救能够得到公正的结果；服务过程的公正性是指投诉的影响时间、投诉的过程中所适用的政策、规则和被对待的情况等。企业若要有效并迅速地解决顾客的问题，就必须要注重这两方面的公正性。顾客提出的问题是发现企业所存在问题的最直接和最有效的方法，同时也是企业最有效和最快速解决问题的最佳途径，为此企业应保证提供公正的结果；顾客在提出问题以后企业能否以最快的时间和最好的方法解决问题也在很大程度上决定了服务补救的成功与否，为此企业应保证提供公正的过程。

根据服务补救策略，服务补救的方法通常有以下几种。

（1）逐件处理

强调顾客的投诉各不相同。这种方法容易执行且成本较低，但它也具有随意性。例如，最固执或者最好斗的投诉者经常会得到比通情达理的投诉者更令人满意的答复。这种方法的随意性会产生不公平。

（2）系统响应法

使用服务补救应急系统来处理顾客投诉。由于采用了识别关键失败点和优先选择适当补救标准这一计划性的方法，它比逐件处理法更加可靠。只要响应规定不断更新，这种方法就非常有益，因为它提供了一致和及时的响应。

（3）早期干预法

早期干预法是系统响应法的另一项内容，使用服务补救预案系统，试图影响顾客以前干预和解决服务流程问题，例如，一名发货员发现由于卡车故障影响了出货，他就马上通知顾客，在必要时顾客可以采取其他方案。

(4)替代品服务补救法

通过提供替代品服务补救，从而利用竞争的错误去赢得其顾客。有时处于竞争中的企业会支持这种做法。例如，一家超额预订旅馆的工作人员将顾客送到与其竞争者的旅馆，如果对手不能提供及时和优质的服务，它就可以利用这个机会。由于竞争者的服务失败通常是保密的，因此这种方法实行起来比较困难。

此外，对一线员工进行授权也是解决问题的有效途径，对一线员工进行授权可以保证顾客所反映的问题能够迅速地得到处理，从而减少了顾客因反馈时间长、程序烦琐而带来的不满。对一线员工进行必要的锻炼培训也是十分必要的。对于一线员工，他们真地需要特别的服务补救训练。一线员工需要服务补救的技巧、权力和随机应变的能力。有效的服务补救技巧包括认真倾听顾客抱怨、确定解决办法、灵活变通的能力。

3.建立完整的服务补救信息系统

企业需要建立一个跟踪并识别服务失误的系统，使其成为挽救和保持顾客与企业关系的良机。有效的服务补救策略需要企业通过听取顾客意见来确定企业服务失误之所在。即不仅被动地听取顾客的抱怨，还要主动地查找那些潜在的服务失误。"信息与信息技术的影响将遍布整个服务行业，服务行业的每一个角落都将被信息技术所涉及"，完整的服务补救信息系统应包含三部分内容：客服信息系统；服务补救预案系统；服务补救应急系统。

客服信息系统包括客服信息的集中与处理、客服信息的分类和客服信息的存储和运作。客服信息的收集与处理，为在服务补救时候的运作准备了条件。服务企业的改进工作是动态的、常规的，是在服务进程中的工作。服务失败可能在任何时候、任何地点发生，但是通过对服务过程、人力资源、服务系统和顾客需求的详细分析，可以寻找到服务失败的"高发地带"，采取措施加以预防并从错误中吸取教训。大量和有效的客服信息可以在改善服务与发现服务机会、增强顾客服务、降低顾客流失等方面给企业带来竞争优势。

服务补救预案系统是为了保证服务补救的整体效果和效率，在服务失败之前所做的大量周到、细致的预案工作。其工作包括：潜在服务失败分析，通过分析可以事先发现绝大部分可能发生的服务失败，并总结其出现的条件、环境与导致的后果，从而为服务失败的预防与补救提供依据；针对每一种可能出现的服务失败，精细设计其补救方案，既可以保证服务补救的及时性，又可以保证服务补救的低成本性。

服务补救应急系统只有当服务预防失败、服务失败事件产生方启动，具体工作流程如前所述，即及时准确地感知和识别服务失败；有效地解决顾客问题；将此次服务补救信息纳入服务补救信息系统。

4.跟踪调查并从中吸取教训

跟踪调查是指对顾客在接受服务补救之后对抱怨处理的结果、满意程度等进行调查，了解抱怨处理的结果。企业可以采用口头询问、电话回访、信函或电子邮件等手段对接受顾客抱怨处理的顾客进行跟踪调查。此外，通过跟踪调查还可以识别出那些频繁投诉或总是对服务补救不满意的顾客。这些顾客寻求的利益可能超出了企业的能力，或者这些顾客本身就是难以满足的顾客。他们将来接受服务时企业会予以特殊关注，甚至可以拒绝向之提供服务。通过跟踪调查企业还可以从中吸取教训，积累经验。因为服务补救不只是弥补服务裂缝、增强与顾客联系的良机，它还是一种极有价值但往往被忽略或未被充分利用的、具有诊断性的、能够帮助企业提高服务质量的信息资源。通过对服务补救整个过程的跟踪，企业可发现服务系统中一系列亟待解决的问题，并及时修正服务系统中的某些环节，进而使"服务补救"现象不再发生。

小　结

在服务质量管理中，强调以顾客为中心，即顾客满意的服务体系。良好的服务始于优良的服务设计，服务体系设计决定着顾客服务能否取得成功。一个不合理的服务设计会使服务人员和顾客花费大量精力解决一个小问题，从而影响服务质量。

服务战略是服务企业带有全局性或决定全局的谋划，它体现了服务企业的愿景与使命，确定了服务企业的目标与任务。与制造企业的战略不同，服务战略包括与服务传递直接相关的运作与营销等问题。

本章的前三节分别从战略、政策以及系统的层面阐述了服务质量体系的构建，第四节涉及了服务过程中的控制方法以及对于存在缺陷的服务质量进行改进方面的内容，而最后一节则介绍了服务质量中面临的服务失败的类型、原因以及对顾客的影响，进而给出了解决服务失败的服务补救的措施。

思　考

1. 对服务业竞争环境进行分析。
2. 简述服务产业在不同生命周期的战略选择。
3. 简述服务质量的控制方法。
4. 简述服务改进的策略。
5. 简述服务失败的类型。
6. 简述服务补救的措施。

参 考 文 献

[1] (芬兰)克里斯廷·格罗鲁斯(Christian Gronroos). 服务管理与营销——基于顾客关系的管理策略 [M]. 韩经纶, 译. 北京: 电子工业出版社, 2002.

[2] Claes Fornell, 刘金兰. 顾客满意度与 ACSI [M]. 天津: 天津大学出版社, 2006.

[3] 韩经纶, 董军. 顾客感知服务质量评价与管理 [M]. 天津: 南开大学出版社, 2006.

[4] 程龙生. 服务质量评价理论与方法 [M]. 北京: 中国标准出版社, 2011.

[5] 崔立新. 服务质量评价模型 [M]. 北京: 经济日报出版社, 2003.

[6] 韦福祥. 服务质量评价与管理 [M]. 北京: 人民邮电出版社, 2005.

[7] 汤兵勇. 服务管理 [M]. 北京: 化学工业出版社, 2013.

[8] 王成慧. 现代服务管理理论与实践——基于创新与质量的研究 [M]. 天津: 南开大学出版社, 2010.

[9] 张淑君. 服务管理 [M]. 北京: 中国市场出版社, 2010.

[10] 苏秦. 服务质量、关系质量与顾客满意——模型、方法及应用 [M]. 北京: 科学出版社, 2010.

[11] 姚志刚, 袁球明. 出租汽车客运服务质量管理理论与实践 [M]. 北京: 中国经济出版社, 2012.

[12] 牛志强. 服务质量的跨文化研究 [M]. 北京: 人民邮电出版社, 2012.

[13] 苏秦. 服务质量、关系质量与顾客满意模型、方法及应用 [M]. 北京: 科学出版社, 2010.

[14] 汪纯孝, 蔡浩然. 服务营销与服务质量管理 [M]. 广州: 中山大学出版社, 1996.

[15] Zeithaml V. A., Berry L. L., Parasuraman A. Delivering Quality Service: Balancing Customer Perceptions and Expectations [M]. New York: New York Free Press, 1993.

[16] 温碧燕. 服务质量管理 [M]. 广州: 暨南大学出版社, 2010.

[17] 陈渭. 服务质量国家标准实施指南 GB/T 19004.2-ISO 9004-2 [M]. 北京: 中国科学技术出版社, 1995.

[18] Lovelock C. Product Plus: How Product + Service = Competitive Advantage [M]. New York: McGraw-Hill, 1994.

[19] (美)詹姆斯.A.菲兹西蒙斯, 莫娜.J.菲兹西蒙斯. 服务管理——运营、战略和信息技术(第3版) [M]. 张金成, 范秀成, 译. 北京: 机械工业出版社, 2003.

[20] (美)克里斯托弗·H·洛夫洛克. 服务营销(第7版) [M]. 北京: 中国人民大学出版社, 2001.

[21] 洪生伟. 服务质量体系 [M]. 北京: 中国计量出版社, 1998.

[22] 徐碚. 顾客满意战略的理论与实践 [M]. 武汉: 华中科技大学出版社, 2007.

[23] 刘宇. 顾客满意度测评 [M]. 北京: 社会科学文献出版社, 2003.

[24] 贾俊芳. 城市轨道交通服务质量管理 [M]. 北京: 北京交通大学出版社, 2012.

[25] 李卫军, 刘正, 马剑. 城市轨道交通服务质量与满意度评价 [M]. 北京: 中国铁道出版社, 2011.

[26] (美)J. M. 朱兰(J. M. Juran). 朱兰论质量策划——产品与服务质量策划的新步骤 [M]. 杨文士, 等译. 北京: 清华大学出版社, 1999.

[27] 刘新燕. 顾客满意度指数模型研究 [M]. 北京: 中国财政经济出版社, 2004.

[28] 李欣. 服务补救——把失误变成机会 [M]. 北京: 人民邮电出版社, 2008.

[29] 杨志坚, 等. 2000 新版 ISO 9000 国际标准术语手册 [M]. 北京: 国防工业出版社, 2004.

[30] 宋彦军. QTM, ISO 9000 与服务质量管理(第1版) [M]. 北京: 机械工业出版社, 2004.

[31] 李怀祖.管理研究方法论[M].西安:西安交通大学出版社,2004.

[32] 韩之俊,许前.质量管理(第1版)[M].北京:科学出版社,2003.

[33] Gronroos C. A Service Quality Model and Its Marketing Implications [J]. European Journal of Marketing, 1984,18(4):36-44.

[34] Gronroos C. Service Quality:The Six Criteria of Good Perceived Service Quality[J]. Review of Business, 1988, 9(12):3-10.

[35] David A Garvin. Competing on the eight dimensions of quality [J]. Harvard Business,1987,Novermber-December:101-109.

[36] Gronroos C., Ojasalo K. Service productivity Towards a conceptualization of the transformation of inputs into economic results in services[J]. Business Research,2004(57):414-423.

[37] Parasuraman A.,Zeithaml V. A.,Berry L. L. A Conceptual Model of Service Quality and Its Implication for Future Research [J]. Jouranal of Marketing,1985,49(Fall):41-50.

[38] 张新安,田澎.应用SERVQUAL标尺的若干问题及改进[J].系统工程理论与实践,2006(6):41-47.

[39] 韦福祥,韩经纶.文化差异对顾客服务质量感知影响的实证研究[J].南开管理评论,2003(3):77-80.

[40] 范秀成,杜建刚.服务质量五维度对服务满意及服务忠诚的影响——基于转型期间中国服务业的一项实证研究[J].管理世界,2006(6):111-119.

[41] 张金成,戴昌钧.服务质量管理的理论探讨[J].南开经济研究,1995(1):49-54.

[42] Tracy S. D., Sweeney J. C. Service Quality Attribte Weights:How Do Novice and Longer-term Customsers Construct Service Quality Perceptions? [J]. Journal of Service Research,2007,10(2):22-40.

[43] 方志刚.服务质量评价与管理体系研究[D].天津:天津大学,2003.

[44] 范秀成.服务质量管理:交互过程与交互质量[J].南开管理评论,1999(1):8-13.

[45] 范秀成,赵先德.价值取向对服务业顾客抱怨倾向的影响[J].南开管理评论,2002(5):11-16.

[46] Bienstock, C. C., DeMoranville, C. W., Smith, R. K. Organizational citizenship behavior and service quality[J]. Services Marketing,2003,17(4):357-378.

[47] Yoon, M. H., Suh, J. Organizational Citizenshipbehaviors and Service Quality As External Effectiveness of Contact[J]. Business Research,2003,(56):597-611.

[48] Brown S. W., Swartz T. A. A gap analysis of professional service quality [J]. Journal of Marketing, 1989,4(53):92-98.

[49] 马媛媛,肖念.西方服务质量研究综述[J].商业时代,2007(15):26-27.

[50] 刘月,罗利.西方服务管理理论的演进[J].现代管理科学,2004(4):58-59.

[51] 夏正荣.论中国服务企业核心竞争力[J].社会科学,2002(9):21-30.

[52] 柴盈,韦福祥.文化因素对顾客评价服务质量影响的实证研究[J].南京师范大学学报(社会科学版),2006(3):62-67.

[53] 刘向阳.西方服务质量理论的发展分析极其启示[J].科技进步与对策,2003(8):177.

[54] 徐纲红,李志强.质量与服务质量[J].科技情报开发与经济,2003(11):216-217.

反侵权盗版声明

  电子工业出版社依法对本作品享有专有出版权。任何未经权利人书面许可，复制、销售或通过信息网络传播本作品的行为；歪曲、篡改、剽窃本作品的行为，均违反《中华人民共和国著作权法》，其行为人应承担相应的民事责任和行政责任，构成犯罪的，将被依法追究刑事责任。

  为了维护市场秩序，保护权利人的合法权益，我社将依法查处和打击侵权盗版的单位和个人。欢迎社会各界人士积极举报侵权盗版行为，本社将奖励举报有功人员，并保证举报人的信息不被泄露。

举报电话：（010）88254396；（010）88258888
传　　真：（010）88254397
E-mail：dbqq@phei.com.cn
通信地址：北京市海淀区万寿路 173 信箱
　　　　　电子工业出版社总编办公室
邮　　编：100036